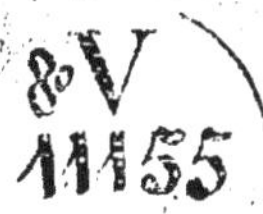

UNION NATIONALE

DES

SOCIÉTÉS PHOTOGRAPHIQUES DE FRANCE.

SESSION DE TOURS,

TENUE DU 6 AU 11 JUIN 1908

SOUS LA DIRECTION

DE LA

SOCIÉTÉ PHOTOGRAPHIQUE DE TOURAINE.

COMPTE RENDU

Par M. S. PECTOR,

Secrétaire général de l'Union.

PARIS,

GAUTHIER-VILLARS, IMPRIMEUR-LIBRAIRE,

ÉDITEUR DE LA BIBLIOTHÈQUE PHOTOGRAPHIQUE.

Quai des Grands-Augustins, 55

1908

UNION NATIONALE

DES

SOCIÉTÉS PHOTOGRAPHIQUES DE FRANCE.

SESSION DE TOURS,

TENUE DU 6 AU 11 JUIN 1908,

SOUS LA DIRECTION

DE LA

SOCIÉTÉ PHOTOGRAPHIQUE DE TOURAINE.

COMPTE RENDU

Par M. S. PECTOR,

Secrétaire général de l'Union.

PARIS,

GAUTHIER-VILLARS, IMPRIMEUR-LIBRAIRE,

ÉDITEUR DE LA BIBLIOTHÈQUE PHOTOGRAPHIQUE,

Quai des Grands-Augustins, 55.

1908

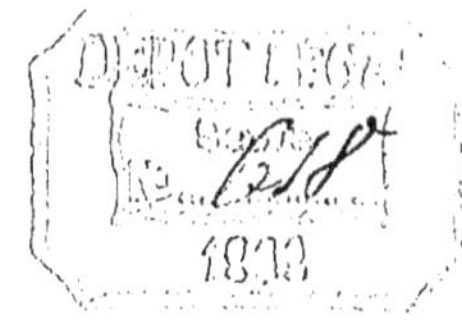

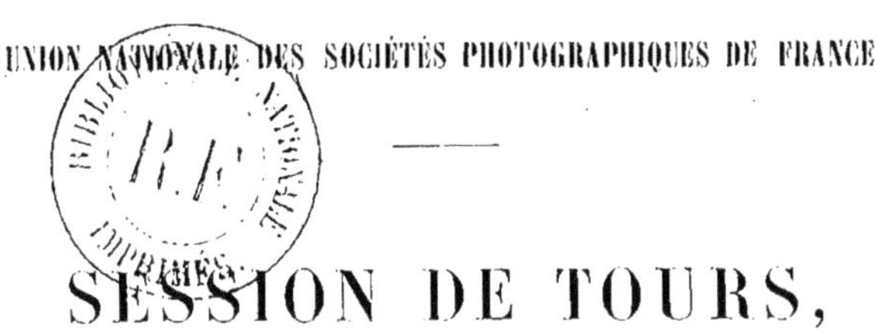

SESSION DE TOURS,

TENUE DU 6 AU 11 JUIN 1908,

SOUS LA DIRECTION

DE LA

SOCIÉTÉ PHOTOGRAPHIQUE DE TOURAINE.

L'Union nationale des Sociétés photographiques de France a tenu sa 17e Session à Tours, du 6 au 11 juin 1908; la séance d'ouverture a eu lieu le samedi 6 juin, à 4h du soir, dans la grande salle de la Chambre de commerce.

M. Deslis, président de ladite Chambre, a prononcé l'allocution suivante, en présence d'une nombreuse assistance, composée des membres des Sociétés affiliées à l'Union venus des divers départements et des principales notabilités de la ville de Tours et de la Société photographique de Touraine :

MESDAMES, MESSIEURS,

C'est au double titre de président de la Chambre et de la Société photographique que me revient aujourd'hui l'honneur de recevoir les délégués de l'Union nationale des Sociétés photographiques de France, et j'en suis particulièrement heureux.

Au nom du Commerce tourangeau, au nom de la Société photographique de Touraine, je souhaite une cordiale bienvenue, à vous, Mesdames, et à vous, Messieurs, qui avez bien voulu accepter l'invi-

tation de la Société photographique de Touraine pour tenir à Tours
votre XVIIe Session.

Je me réjouissais de pouvoir saluer en la personne de votre distingué président, M. Lippmann, le grand savant que ses travaux
ont placé au premier rang des hommes illustres qui font la gloire
de la Science française.

Malheureusement, les suites d'une fâcheuse maladie l'ont obligé
à prendre un repos qui l'empêche d'être parmi nous et nul plus que
moi ne regrette son absence.

Je salue également le dévoué secrétaire de l'Union, M. Pector, et
tous les délégués des Sociétés photographiques de France.

En vous tous, Messieurs, je salue les représentants de cette mer-
veilleuse invention qui a révolutionné les arts graphiques et de
laquelle est née une nouvelle branche d'industrie et de commerce,
dont la prospérité va croissant chaque année.

Je suis assuré que les charmes de notre belle Touraine vous sédui-
ront. Les beautés des riches vallées de la Loire, du Cher, de l'Indre,
que vous allez parcourir, ne vous laisseront pas insensibles.

J'espère que vous emporterez le meilleur souvenir de notre contrée, qu'on se plaît à baptiser du nom de Jardin de la France.

De son côté, la ville de Tours est très heureuse et très flattée de
l'honneur que vous voulez bien lui faire.

Je souhaite que les travaux dont vous allez vous occuper au cours
de cette Session soient fructueux et c'est avec cette pensée que je
vous réitère une cordiale bienvenue parmi nous.

M. S. Pector, Secrétaire général de l'Union nationale des
Sociétés photographiques de France, a répondu en ces
termes au discours de M. Deslis, qui avait été salué par de
vifs applaudissements :

MONSIEUR LE PRÉSIDENT,

Par suite d'une coïncidence aussi fâcheuse qu'imprévue, notre
nouveau président, M. Lippmann, et notre dévoué premier vice-
président, M. Bucquet, ont été pris presque en même temps d'une
maladie identique et grave : la congestion pulmonaire.

Ils sont maintenant hors de danger, mais forcés à des ménagements
qui leur ont interdit le voyage de Tours; c'est donc à moi, leur
modeste lieutenant, que revient l'honneur de vous remercier de vos
aimables paroles de bienvenue.

L'Union nationale des Sociétés photographiques de France ne
peut qu'y être extrêmement sensible et c'est avec le plus grand plaisir que ceux de ses membres qui se trouvent réunis aujourd'hui dans
la belle cité tourangelle visiteront ses monuments renommés et ses
environs si riches en édifices et en souvenirs historiques.

La Société photographique de Touraine, l'une des plus importantes et des plus vivaces de notre pays, leur en a fort gracieusement offert l'occasion en les invitant à prendre part à cette Session organisée par les soins de ses habiles administrateurs; qu'elle reçoive ici le témoignage de notre bien vive et bien sincère gratitude.

À la suite de cette allocution, qui a été accueillie par des applaudissements, M. Deslis a invité les membres présents à visiter les locaux de la Chambre et du Tribunal de commerce, qui sont très largement et très luxueusement installés dans les bâtiments élevés par Jules Hardouin Mansart, au commencement du XVIIIe siècle.

Les membres de l'Union se sont ensuite transportés au siège de la Société photographique de Touraine, 14, rue des Halles, où M. Deslis a prononcé le discours suivant :

MESDAMES, MESSIEURS,

Il y a quelques instants c'était le président de la Chambre de commerce qui vous souhaitait la bienvenue; permettez maintenant au président de la Société photographique de Touraine de vous adresser, au nom de tous ses collègues, le plus cordial salut.

En acceptant notre invitation vous avez fait à notre Société un honneur dont elle sent tout le prix, et je puis vous certifier qu'elle aura à cœur de mériter la confiance que vous avez bien voulu lui témoigner.

C'est de grand cœur et avec joie que nous vous offrons une hospitalité dont, nous l'espérons, vous emporterez aux quatre coins de la France un souvenir durable, qui aura pour résultat de nous envoyer de nombreux visiteurs.

J'éprouve toutefois une vive déception, partagée par tous mes collègues; c'est de ne pouvoir saluer ici le savant président de l'Union, M. Lippmann, et le premier vice-président, notre ami M. Bucquet.

C'eût été pour moi un grand honneur de présenter, à l'éminent savant dont la découverte sur la photographie des couleurs a eu un si vif retentissement, les hommages de la Société qui m'a choisi pour diriger ses travaux.

M. Lippmann et M. Bucquet, convalescents, ne peuvent être des nôtres. Unissons-nous pour leur adresser nos meilleurs vœux pour un prompt rétablissement et l'expression de nos saluts respectueux.

Ce n'est pas en quelques rapides promenades que vous pourrez admirer à l'aise nos vieux monuments de Tours, nos châteaux remarquables et nos belles vallées si riantes et si fraîches.

Mais vous en aurez un avant-goût, si je puis m'exprimer ainsi, et vous direz, au moment de la séparation : *Nous reviendrons.*

Balzac, notre grand romancier, a superbement défini la Touraine dans plusieurs de ses romans.

Mais c'est dans *le Lys dans la vallée* que se révèle avec le plus d'intensité la passion de l'écrivain pour son pays natal.

Après une description enthousiaste de l'Indre et des coquets villages groupés sur ses bords, il résume ainsi le sentiment d'amour vraiment filial, plus que filial peut-être, qu'il a pour sa chère province :

« Ne me demandez pas pourquoi j'aime la Touraine ; je ne l'aime ni comme on aime son berceau, ni comme on aime une oasis dans le désert, je l'aime comme un artiste aime l'art. »

« Je l'aime comme un artiste aime l'art » exprime admirablement la grâce coquette et séduisante de la Touraine, où, particulièrement dans la région qu'il décrit et que vous contemplerez lundi, les paysages et les bourgs ont l'air d'être composés pour servir de modèles à un peintre.

Qu'on me permette de croire que Balzac, amoureux du détail et scrupuleux observateur de la nature, eût aimé la Photographie pour laquelle rien ne passe inaperçu, et que l'écrivain eût apprécié les qualités d'exactitude de cet art qui, dans sa fidélité de reproduction, a au moins un point de contact avec le génie de notre illustre compatriote.

J'espère qu'après avoir contemplé les sites décrits par Balzac, vous partagerez son enthousiasme, et je souhaite que les beautés calmes de nos paysages de Touraine puissent charmer les trop courts instants que vous passerez parmi nous. Laissez-moi, pour terminer, vous remercier tous de l'empressement avec lequel vous avez répondu à notre invitation.

Je lève mon verre à M. Lippmann, à M. Bucquet ; à vous, Mesdames, et enfin à vous tous, Messieurs les Membres de l'Union.

Ce toast a été chaleureusement accueilli par les assistants, qui ont ensuite visité les diverses pièces qui forment une installation très complète (salle de séance et de projections, atelier de pose, laboratoires, bibliothèque, etc.). Peu de Sociétés sont logées dans de pareilles conditions ; il est vrai que ce résultat a été obtenu par l'entente de plusieurs Sociétés savantes qui se sont réunies pour avoir une salle de réunion commune chacune à son jour, et pour diminuer ainsi leurs frais respectifs.

Une visite d'une partie des monuments de la ville a suivi cette séance d'ouverture ; le cloître, situé à gauche de la cathédrale et connu sous le nom de la *Psallette*, a notamment attiré l'attention, et l'on a unanimement regretté l'abandon dans lequel se trouve cette véritable merveille, qui serait digne d'une restauration intelligente.

PREMIÈRE SÉANCE DE TRAVAIL,
6 JUIN 1908.

A 8ʰ30ᵐ du soir, les membres de l'Union nationale se sont réunis au siège social de la Société photographique de Touraine, 14, rue des Halles, à Tours, sous la présidence de M. J. Deslis, deuxième vice-président de l'Union nationale des Sociétés photographiques de France.

Étaient présents :

MM.

ADRIEN (Ch.),	de la Société française de Photographie et de la Société d'Excursions,	Paris.
BERGERON,	du Stéréo-Club et du Photo-Club de Nice,	Nice.
BIDARD,	de la Société française et de la Société d'Excursions,	Paris.
BILLIOQUE,	de la Société d'Arcachon,	Arcachon.
BOCA,	de la Société caennaise,	Caen.
BOULANGÉ (G.),	du Photo-Club de Saint-Quentin,	Saint-Quentin.
BOUTIQUE (M.),	de la Société du Nord de la France,	Douai.
BRASSARD,	du Photo-Club de Saint-Quentin,	Saint-Quentin.
CHAMBERT,	de la Société photographique de Touraine,	Tours.
CHAPPELLIER (G.),	de la Société française et de la Société d'Excursions,	Paris.
CHARTIER (L.),	de la Société française,	»
DAVID (A.),	du Stéréo-Club et de la Société d'Excursions,	Versailles.
DECROIX (P.),	président de l'Union photographique du Nord,	Lille.
DELÉCAILLE (M.),	délégué du Photo-Club champenois,	Troyes.
DEMAY,	président de la Société niortaise,	Niort.
DESLIS (J.),	président de la Société photographique de Touraine,	Tours.
DONY (P.),	président du Photo-Club de	Saint-Quentin.
DUCROT (E.),	de la Société française et de la Société d'Excursions,	Paris.
FAURE-BEAULIEU (L.),	de la Société d'Excursions,	»
FONTENAY (G.),	de la Société de Picardie,	Amiens.

MM.

Foucher,	de la Société photographique de Touraine,	Tours.
Gatellier,	de la Société française,	Paris.
Gravier (Ch.),	» française,	»
Heyndrick,	de l'Union photographique du Nord,	Lille.
Jonas (G.),	de la Société française,	Paris.
Lagrange (F.),	de l'Association des amateurs photographes du Touring-Club,	»
Langlois,	président des Photographistes parisiens,	»
Lemaignen,	de la Société photographique de Touraine,	Tours.
Lemaire (L.),	de la Société caennaise,	Caen.
Lepez (Dʳ Roland),	de l'Union photographique du Nord,	Lille.
Lucas,	de la Société photographique de Touraine,	Tours.
Mantelier (P.),	de la Société photographique de Touraine,	»
Ménard (Max),	de la Société niortaise,	Niort.
Michels,	de la Société lorraine,	Nancy.
Oulman,	de la Société française,	Paris.
Pector (S.),	délégué de la Société de Chambéry,	Chambéry.
Personnaz (A.),	délégué de la Société de Saint-Étienne,	Saint-Étienne.
Potel (H.),	de la Société artistique des agents des chemins de fer,	Paris.
Rouchon,	de la Société d'Excursions,	»
Soulary (G.),	de la Société photographique de Touraine,	Tours.

M. *S. Pector*, Secrétaire général de l'Union, présente les excuses de :

MM. Balagny, de la Société française de Photographie; Béral, du Photo-Club de Saint-Quentin; Bucquet, président du Photo-Club de Paris; Davanne, président honoraire du Conseil d'administration de la Société française de Photographie; Garnier, président du Photo-Club toulousain; Guilleminot, de la Société française de Photographie; Laedlein, président de la Société des amateurs photographes de Paris; Lemoine (A.), délégué de la Section photographique du cercle Volney; Liégard, secrétaire de la Société caennaise de Photographie; Lippmann (G.), de l'Institut, membre d'honneur et président de l'Union nationale; Riston (V.), président de la Société lorraine de Photographie; Sebert (le Général), président du Conseil d'administration de la Société française de Photographie.

M. *Deslis* propose d'adresser à MM. Lippmann et Bucquet des télégrammes pour leur exprimer les regrets qu'inspire leur absence causée par la maladie; cette proposition est adoptée à l'unanimité.

L'assemblée règle l'ordre du jour de ses trois séances de travail et aborde de suite l'examen des questions réservées pour la séance de ce soir.

La parole est donnée à M. S. Pector, Secrétaire général de l'Union nationale, pour la lecture de son compte rendu de l'année; ce rapport est ainsi conçu :

MESDAMES, MESSIEURS,

Au moment où nous sommes réunis pour la première fois, en session, depuis la mort de notre illustre président, M. Janssen, vous penserez certainement que l'expression des regrets bien vifs et bien sincères que nous cause sa perte doit être consignée en tête du procès-verbal de notre première séance.

Ceux d'entre vous qui sont fidèles à nos réunions annuelles savent avec quelle scrupuleuse exactitude notre vénéré Président y venait, malgré son grand âge, et de quelque côté que se tinssent nos modestes assises; c'est ainsi que les villes du Havre, de Caen, de Lyon, de Lille, de Reims, de Nancy, de Rennes ont successivement reçu sa visite, Le Havre et Nancy à deux reprises différentes.

En 1905 encore Il était à Nice, et, s'il n'est pas venu au Puy en 1906 et à Caen en 1907, c'est que des travaux importants, et notamment un Congrès d'Astronomie dont il était président, l'en ont empêché à son grand regret.

Mais il s'intéressait toujours à la prospérité de l'Union et il continuait à encourager les travaux de ses membres par le don de nombreuses médailles.

Mme Janssen, qui l'accompagnait souvent lors de nos sessions, ainsi que sa fille, a voulu maintenir ces généreuses traditions et cette année elle a mis, à la disposition du jury des récompenses, plusieurs médailles à l'effigie de son époux si regretté.

Je suis sûr d'être votre fidèle interprète en la remerciant bien vivement ici de cette marque de sympathique estime.

Votre Conseil central a dû procéder dans sa séance du 9 avril dernier au remplacement de celui qui présidait à nos travaux depuis la fondation de notre Association, c'est-à-dire depuis 1892, et il a porté ses suffrages sur le nom du savant éminent qui figurait déjà comme membre d'honneur en tête des listes de l'Union.

M. Lippmann a accepté ce mandat avec une amabilité dont nous devons lui être reconnaissants car son nom, qui rappelle une des plus belles découvertes photographiques, la *photographie des couleurs par la méthode interférentielle*, sera pour notre fédération un signe de ralliement et de succès. Il prend possession du fauteuil de la présidence au moment où l'Union sort d'une crise dont vous connaissez les péripéties successives et au cours de laquelle on a voulu la rendre responsable de faits auxquels elle était complètement étrangère et qu'elle ne pouvait empêcher, tout en les regrettant.

Aujourd'hui que les mesures dont il s'agit ont cessé d'être en vigueur par la volonté même de leurs auteurs, et que satisfaction a été donnée aux desiderata de la Commission permanente de l'Union, il y a lieu d'espérer qu'il ne restera désormais aucune trace de désunion dans son sein.

Ce qui nous confirme dans cette pensée c'est d'abord l'approbation donnée par le Conseil central à l'attitude de son Bureau; c'est ensuite l'empressement plein de bienveillance avec lequel plusieurs notabilités du monde photographique ont répondu à notre appel en se faisant inscrire sur la liste de nos membres associés.

C'est ainsi que cette liste s'est enrichie des noms de M. Violle, l'éminent physicien, membre de l'Institut, et président de la Société française de Photographie; de M. le lieutenant-colonel Houdaille, l'auteur de savantes recherches sur les objectifs et sur la sensibilité des plaques et des papiers; de M. le vicomte de Singly, l'amateur si distingué; de M. Monpillard, le micrographe bien connu; de M. Durenne, notre sympathique collègue, et de MM. H. Chevrier et J. Demaria, les commerçants si justement renommés. Nous les remercions de leur bon concours, car leur exemple ne peut que nous amener de nouvelles adhésions; plus celles-ci seront nombreuses, plus sérieux sera le rôle de notre chère Association qui n'a pour but que le progrès de la Photographie et l'extension des relations amicales entre ses adeptes. (*Applaudissements.*)

M. le *Président* invite l'assemblée à nommer le Jury qui sera chargé de juger les deux concours organisés à l'occasion de la session de Tours et qui sont : 1° celui dont les envois sont exposés dans l'une des salles de la Société photographique de Touraine; 2° celui qui sera jugé à Paris après le 1er octobre 1908.

Sont nommés :

MM. Boutique, de la Société photographique du Nord; Briand, de la Société photographique de Touraine; Delécaille, délégué du Photo-Club champenois; Dony, du Photo-Club de Saint-Quentin; Lemaignen, de la Société photographique de Touraine, auxquels s'adjoindront les membres du Bureau de l'Union pour les opérations qui auront lieu à Paris.

M. le *Secrétaire général* donne lecture d'une lettre en date du 14 mai 1908, dans laquelle M. Maës, président de l'Union internationale de Photographie, demande qu'une entente ait lieu entre l'Union internationale de Photographie et l'Union nationale pour que les sessions de ces deux Associations soient bisannuelles et alternent l'une avec l'autre de façon à ne pas se nuire mutuellement.

Plusieurs membres s'opposent vivement à l'adoption de cette proposition, en faisant remarquer que chaque Société doit conserver son indépendance absolue et qu'il est de l'intérêt de l'Union nationale et de tous ses adhérents que ses sessions soient annuelles, les membres des Sociétés affiliées étant heureux de se trouver réunis chaque année en session. L'assemblée, après en avoir délibéré, est d'avis qu'il n'y a pas lieu d'adopter la proposition de M. Maës.

M. le *Secrétaire général* dépose sur le bureau, au nom de M. Henri Reeb :

1° Un révélateur au pyrogallol ammoniacal pour plaques autochromes ;

2° Des Tables pour le calcul du temps de pose de ces plaques, qui sont mises à la disposition des membres assistant à la séance

Des Notes de M. Reeb jointes à cet envoi il résulte :

1° Que son révélateur consiste en deux solutions séparément inaltérables et inodores et ne renfermant pas d'ammoniaque libre, et qu'il suffit de les mélanger pour qu'aussitôt l'ammoniaque se dégage. Avec lui il n'y a pas à craindre de voile dichroïque (1).

2° Que ses Tables donnent des indications suffisamment précises pour permettre de photographier à coup sûr dans la majorité des cas (2).

M. Reeb présente en plus une nouvelle application des

____

(1) Voir *Bulletin de la Société française de Photographie*, 1907, p. 529 et suiv.
(2) Voir *Bulletin de la Société française de Photographie*, 1907, p. 490 et suiv.

solutions acides titrées pour l'arrêt instantané du développement ([1]).

M. le *Secrétaire général* rappelle que le dernier *Annuaire* de l'Union nationale date de 1907 et qu'il n'en a pas été publié en 1908. Selon l'usage d'espacer de deux ans ces impressions, il y aurait lieu de faire un nouvel *Annuaire* en 1909. Est-ce l'avis de l'assemblée? Plusieurs membres disent que la publication d'un Annuaire est toujours désirable, car c'est un ensemble de renseignements utiles et de nature à faciliter le développement de l'Union en aidant fortement à la propagande, mais qu'il faut tenir compte de la dépense et des ressources de l'Union.

La question est renvoyée à la Commission permanente, qui statuera.

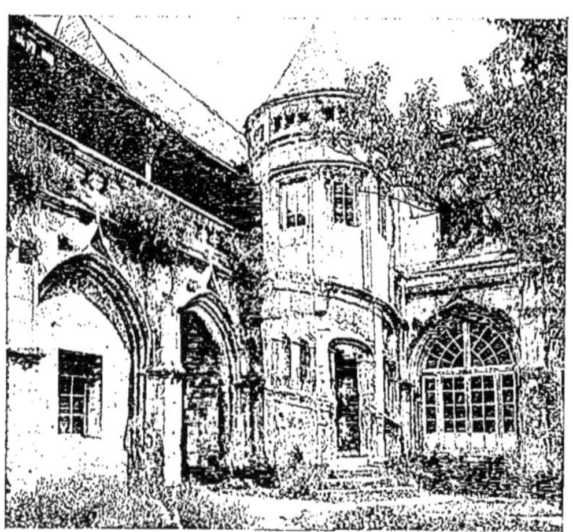

Tours. — La Psallette. Bidard.

M. *Ch. Gravier* émet le vœu que les Annuaires de Photographie contiennent les listes complètes des membres com-

---

([1]) Voir *Bulletin de la Société française de Photographie*, 1908, p. 43 et suiv.

posant les Sociétés photographiques. Il lui est répondu que satisfaction est donnée dans une large mesure à ce desideratum dans des documents existants et que, s'ils ont des lacunes, la faute en est principalement aux Sociétés intéressées, qui ne fournissent pas toujours les renseignements qui leur sont demandés par les éditeurs.

Sur la proposition de plusieurs de ses membres qui viennent de visiter aujourd'hui les ruines de la *Psallette,* voisines de la Cathédrale et si pleines d'intérêt, l'assemblée émet le vœu que l'autorité supérieure fasse le nécessaire pour arrêter les dégradations de ce vieux monument et pour assurer sa conservation.

La séance est levée à 10ʰ30ᵐ.

DEUXIÈME SÉANCE DE TRAVAIL,
7 JUIN 1908.

La séance est ouverte à 8ʰ20ᵐ du matin sous la présidence de M. Duclis, deuxième vice-président de l'Union. L'appel constate la présence de :

MM. ADRIEN, BERGERON, BIDARD, BILLIOQUE, BOCA, BOUTIQUE, BRASSARD, CHAMBERT, CHAPPELLIER, CHARTIER, DAVID, DELÉCAILLE, DESLIS, DEMAY (H.), DONY, DUCROT, FAURE-BEAULIEU, FONTENAY, FOUCHER (H.), GATELLIER (M. et Mᵐᵉ), GRAVIER (Ch.), HEYNDRICKX, JONAS, LAGRANGE, LEMAIGNEN, LEMAIRE (L.), MANTELIER, MICHELS, OULMAN, PECTOR, PERSONNAZ, POTEL, ROUCHON,

qui ont assisté à la séance précédente, et de

MM. AYMES (P.), de la Société de Tours ; DROUET, de la Société française de Photographie ; LEMAIRE (Mᵐᵉ), de la Société caennaise de Photographie ; WALLON (E.), de la Société française de Photographie ;

qui n'avaient pu assister à cette séance.

Sur la proposition de M. le Président, M. Aymes est nommé membre du Jury des concours en remplacement de M. Briand, nommé hier alors qu'il n'était pas présent à la séance et qui a eu le regret de ne pouvoir accepter cette mission, devant s'absenter de Tours.

M. le Secrétaire général dépose sur le bureau des Notes de MM. Lumière et Seyewetz qui portent les titres suivants :

1° Sur la différence d'intensité des voiles produits par l'action des révélateurs sur les plaques au gélatino-bromure exposées et non exposées ([1]);

2° Sur l'emploi de l'hyposulfite d'ammoniaque ou d'un mélange d'hyposulfite de soude et d'un sel ammoniacal pour le fixage des plaques et des papiers photographiques ([2]);

3° Sur l'insolubilisation de la gélatine par la formaldéhyde ([3]);

4° Sur la possibilité d'évaluer le degré d'exposition des plaques autochromes et de modifier la composition du révélateur au cours du développement pour améliorer les images surexposées ou sous-exposées ([4]).

M. Ch. Gravier présente l'appareil qu'il a imaginé pour le développement sans laboratoire et en plein air de plaques autochromes et autres.

M. le Secrétaire général explique que cet appareil a été inscrit pour concourir dans la 4e et dans la 5e section ; que, par suite de circonstances indépendantes de la volonté des membres de la Commission chargée d'en faire l'examen, cette Commission n'a pu fonctionner à Paris. Il propose que M. Gravier profite de l'excursion de demain pour opérer devant tous les membres qui feront partie de l'excursion de lundi; cette proposition est acceptée. M. Adrien veut bien se charger de faire poser une plaque autochrome que M. Gravier développera en plein air devant ses collègues. M. Ch. Gravier expose la méthode qui permet, selon lui, de modifier les valeurs relatives des épreuves sur plaques autochromes; il joint à cet exposé quelques considérations sur des applications obtenues avec les plaques autochromes.

([1]) Voir *Bulletin de la Société française de Photographie*, numéro du 15 février 1907, p. 101.

([2]) Voir *Bulletin de la Société française de Photographie*, numéro du 15 mai 1908, p. 217.

([3]) Voir *Bulletin de la Société française de Photographie*, numéro du 15 septembre 1906, p. 364.

([4]) Voir *Bulletin de la Société française de Photographie*, numéro du 15 juin 1908, p. 251.

— 15 —

L'assemblée remercie M. Ch. Gravier de ses communications.

M. E. Wallon présente au nom de M. Delécaille :
1° L'appareil *Marbach*, cuve céramique pouvant servir au développement des plaques autochromes, ainsi qu'au développement lent des plaques ordinaires, sans chance de voir le jour y pénétrer ([1]) ;
2° L'appareil réflexe et pliant, dit *Giorno*; c'est un appareil à miroir muni d'un obturateur à rideau que M. Wallon croit appelé à rendre des services sérieux à ceux qui s'en serviront ([2]).

M. Wallon présente au nom de M. Fleury-Hermagis un objectif anastigmat pouvant travailler à F : 4,5 et dont la construction ne laisse rien à désirer; M. Wallon accompagne cette présentation de considérations fort intéressantes sur les questions relatives à la stéréoscopie.

Lecture est donnée par M. le Secrétaire général du Rapport rédigé par M. M. Bucquet sur diverses propositions émanant de la Société artistique des Agents des Chemins de fer français et renvoyées à l'examen de la Commission permanente lors de la Session de Caen en 1907.
Ce Rapport est ainsi conçu :

« Dans une lettre en date du 4 mai 1907, adressée au Président de l'Union, la Société artistique et littéraire des Agents de la Compagnie P.-L.-M. et des Compagnies de Chemins de fer français (section P.-L.-M.) a exposé divers desiderata qu'elle désirait proposer à l'examen de l'Union. Cet examen a été, lors de la Session de Caen, renvoyé à la Commission permanente.

La Commission permanente a pris connaissance des vœux contenus dans la lettre ci-dessus visée, de M. Logan, prési-

---

([1]) Voir *Bulletin de la Société française de Photographie*, numéro du 1er juillet 1908, p. 289.
([2]) Voir *Bulletin de la Société française de Photographie*, numéro du 1er novembre 1908, p. 432.

dent de la Société, et elle a décidé d'y faire les réponses suivantes :

1° *Le format stéréoscopique* 6 × 13 *devenant de plus en plus un modèle courant, nous demandons que les cuvettes pour plaques* 9 × 12 *aient la dimension* 9 × 13, *ce qui permettrait de développer non seulement les plaques ordinaires* 9 × 12, *mais aussi les* 6 × 13 *et deux plaques* 6,5 × 9.

La plupart des cuvettes 9 × 12, en porcelaine notamment, permettent de développer les 9 × 13. De plus, les cuvettes 13 × 18 peuvent recevoir trois plaques 6 × 13 et quatre plaques 6,5 × 9, ce qui répond au désir exprimé.

2° *Que les cuvettes* 18 × 24 *soient portées à la dimension* 18 × 26 *de façon à pouvoir développer deux plaques* 13 × 18 *et huit plaques* 6,5 × 9.

Les cuvettes 13 × 18 permettant de développer quatre 6,5 × 9, il n'est guère utile d'employer des cuvettes pouvant en recevoir un plus grand nombre qui deviennent difficiles à surveiller; quant à la nécessité de développer *deux* 13 × 18 ensemble, elle ne paraît pas trop s'imposer, car, dans ce format, tout opérateur sérieux tient à suivre le développement pour modifier le révélateur suivant le besoin.

3° *Que MM. les fabricants construisent des appareils* 9 × 13 *remplaçant le format quart de plaque* 9 × 12, *beaucoup trop carré pour le paysage en général et le portrait.*

L'Union ne peut proposer aux constructeurs d'établir des appareils d'un format *non conforme* aux décisions du Congrès qui a adopté le rapport 3 à 4 pour les côtés (excepté en partie pour le 13 × 18, d'un usage trop répandu pour le modifier).

4° *Que les appareils plaque entière* (18 × 24) *aient la dimension rationnelle* 18 × 26.

La dimension 18 × 24 est la dimension rationnelle et non celle 18 × 26, non conforme aux décisions du Congrès.

5° *Que tous les papiers aient le même format que les*

plaques, afin que les agrandissements puissent se faire dans les mêmes rapports que les clichés à amplifier.

Tous les papiers se livrant en pochettes de formats correspondant à ceux des plaques normales, il est impossible d'imposer aux fabricants de diviser les papiers en autant de formats que peuvent en inventer les constructeurs d'appareils. Pour éviter la perte, on peut prendre le papier bromure, par exemple, en rouleaux sur lesquels on peut trouver moyen d'éviter les fausses coupes, à très peu de chose près.

6° Que les appareils stéréoscopiques possèdent bien deux bouchons accouplés, c'est-à-dire maintenus par une bande rigide qui permettra de faire la pose à la main sans crainte d'ébranler l'appareil, comme il arrive souvent lorsqu'on se sert de l'obturateur ordinaire.

Deux bouchons accouplés par une bande rigide seront très difficiles à enlever sans ébranler l'appareil, et encore plus difficiles à replacer en même temps sur les deux objectifs. L'obturateur, s'il est bien réglé, est bien préférable, car il ne doit pas provoquer d'ébranlement, l'appareil étant bien assujetti sur son pied.

7° Que les fabricants de plaques mettent dans chacune de leurs boîtes une Notice indiquant le développement convenant le mieux auxdites plaques.

Jadis les fabricants de plaques mettaient des Notices dans les boîtes. Aujourd'hui toutes les plaques peuvent être traitées indifféremment par tous les révélateurs. Cependant l'Union pourrait émettre le vœu de voir indiquer sur les boîtes la formule la mieux appropriée aux plaques qu'elles contiennent.

8° Que l'Union fasse une comparaison de la sensibilité des plaques vendues dans le commerce et fasse connaître ensuite aux Sociétés affiliées le degré de sensibilité obtenu pour chaque marque.

L'Union ne peut assumer la responsabilité de donner ainsi une sorte de classement du degré de sensibilité des diverses marques de plaques du commerce. Matériellement il lui serait impossible de fournir des renseignements précis, la sensibilité des plaques variant souvent suivant les numéros des émulsions qui se suivent. »

L'assemblée, après en avoir délibéré, approuve les conclusions de ce Rapport et émet le vœu de voir indiquer sur les boîtes de plaques la formule la mieux appropriée à leur développement.

La séance est levée à 9^{h}50^m.

PROMENADE EN VILLE.

A l'issue de la seconde séance de travail, les membres de la Session, guidés par d'aimables collègues de la Société photographique de Touraine, ont visité les principales curiosités de la ville; de nombreux clichés ont été pris. Nous avons le

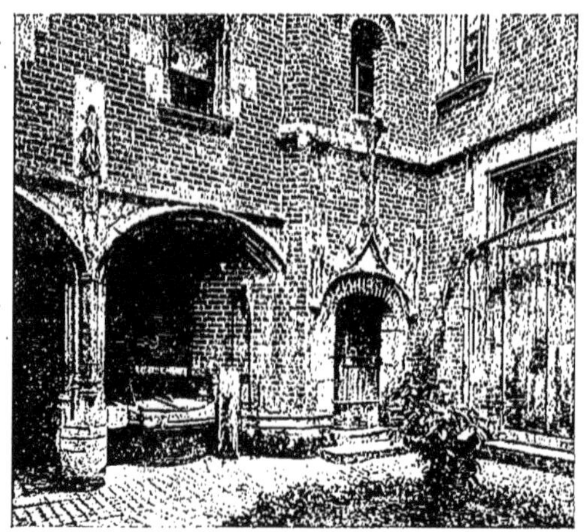

Bidard.

Tours : Cour de la maison de Tristan l'Ermite.

plaisir de reproduire ici l'un d'entre eux, dont nous devons la communication à notre sympathique collègue M. Bidard : c'est celui qui représente la cour de la maison de Tristan l'Ermite située rue Briçonnet.

EXCURSION DANS LA VALLÉE DE LA LOIRE.

Chacun s'est trouvé exact au rendez-vous fixé à 1^h30^m, place du Musée, où de nombreuses voitures attendaient les excursionnistes. Le départ s'est effectué par le grand pont de pierre au bout duquel les voitures ont tourné à gauche pour suivre la rive droite de la Loire.

Le premier arrêt a lieu à Luynes, auprès des vieilles halles en charpente à toiture aiguë qui se trouvent au milieu de ce bourg important. De là on monte par des pentes rapides et des escaliers pittoresques au château dont les tours dominent la contrée.

A gauche de la cour se trouve une terrasse d'où l'on a une vue superbe; on contourne l'enceinte du château pour redescendre dans le village, après avoir fait une ample moisson de clichés intéressants.

Second arrêt à Cinq-Mars-la-Pile, village

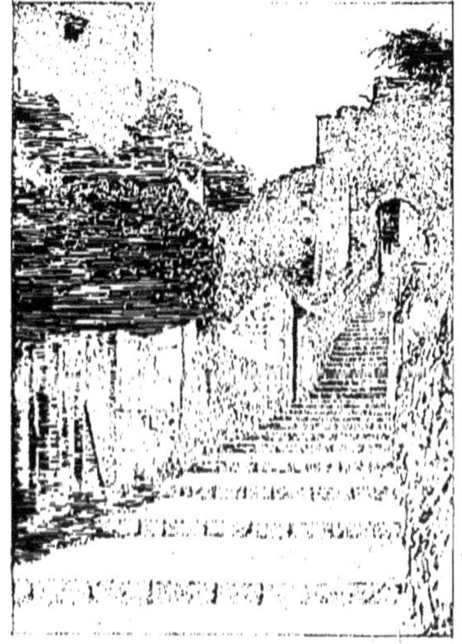

Borgoron.

Entrée du château de Luynes.

situé au pied d'un coteau dominé par les ruines du château qui a été rasé par Richelieu en 1642; on y remarque une ancienne porte avec œil-de-bœuf.

Langeais est le point terminus de cette intéressante excursion; on pénètre dans le château situé au fond du village par un pont-levis; une grande cour sépare ce bâtiment de la colline boisée où se trouvent les ruines d'un vieux donjon construit en 990.

La visite intérieure du château de Langeais est excessivement intéressante, parce que les pièces qui le composent ont été restaurées avec le plus grand soin par l'architecte Lucien Roy et parce que le propriétaire M. Siegfried a voulu

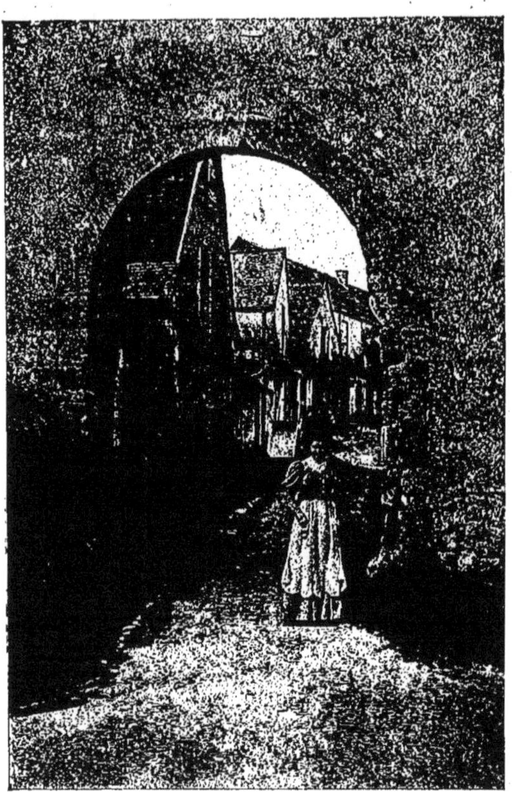

Boca.

Porte du vieux mur d'enceinte à Cinq-Mars.

que le mobilier fût reconstitué d'après les données exactes fournies par les documents anciens. On sait que M. Siegfried a fait don de son château à l'Institut de France en s'en réservant l'usufruit pendant sa vie et celle de ses proches. C'est un beau geste qu'on ne saurait trop louer.

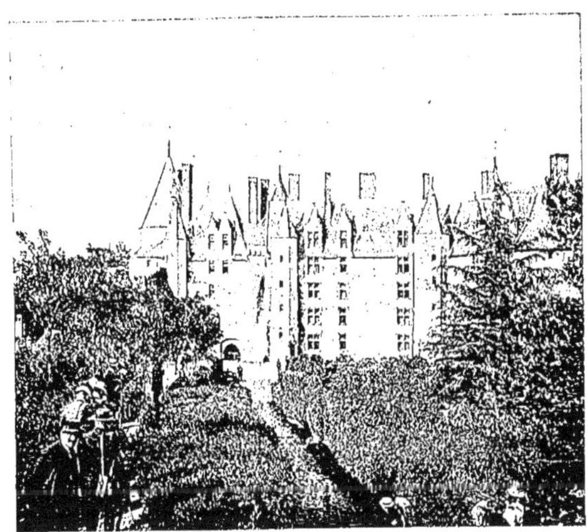

Château de Langeais.

Lagrange.

L'heure du départ ayant sonné, les voitures ont reconduit les excursionnistes à la gare, d'où ils sont rentrés à Tours par la voie ferrée.

SOIRÉE DU 7 JUIN 1908.

Elle avait lieu au siège de la Société photographique de Touraine et était consacrée à une séance de projections des clichés faits par les membres de cette association.

Le soin de les présenter avait été confié à M. Grosjean, sous-bibliothécaire de la ville, qui s'en est acquitté avec le plus grand succès.

On a applaudi le conférencier et les épreuves de MM. Aymes, Deslis, Foucher, Lefèvre, Lemaignen, Mantelier et Soulary qui étaient toutes parfaitement réussies et qui rappelaient les sites visités dans l'après-midi ou qui initiaient à ceux qui seront vus dans les prochaines excursions.

Aux environs de 11ʰ, le couvre-feu a sonné et chacun a été retrouver son gîte, afin d'être prêt le lendemain matin de bonne heure pour l'excursion dans la vallée de l'Indre.

EXCURSION DANS LA VALLÉE DE L'INDRE,
LUNDI 8 JUIN 1908.

Le départ s'est effectué en voitures de la place du Palais de Justice, à 8ʰ du matin ; après avoir traversé le Cher sur le pont de pierre, qui fait suite à la route tracée dans l'axe de la rue

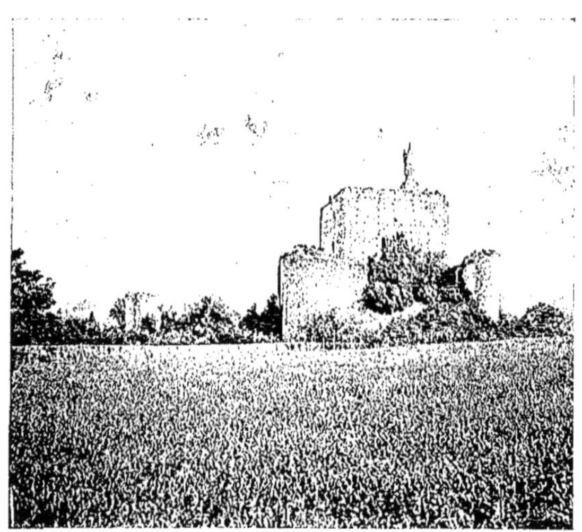

Lagrange.

Montbazon.

Nationale, et monté sur une colline d'où l'on jouit d'une vue étendue, on arrive à Montbazon, situé dans la vallée de l'Indre et dominé par un vieux donjon du xiᵉ siècle que surmonte une statue de la Vierge ; les uns montent au donjon, les autres vont visiter la charmante propriété des Avrius appartenant

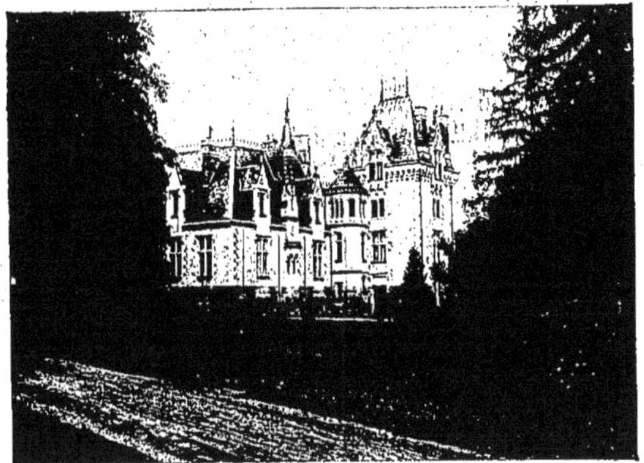

S. Pector.

Château de Candé.

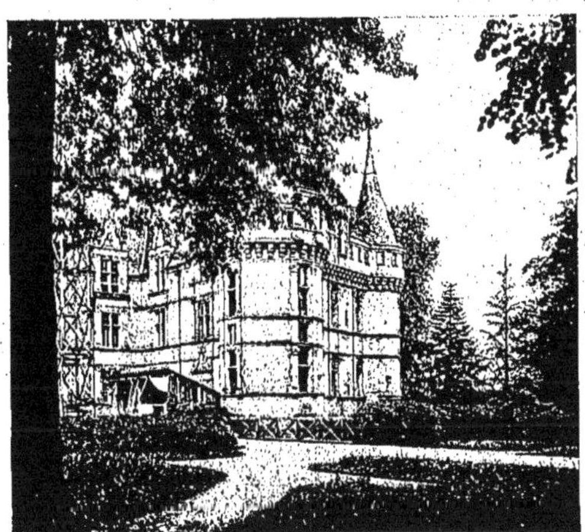

Bidard.

Château d'Azay-le-Rideau.

à M. Lesourd, membre de la Société photographique de Touraine, et située sur l'Indre à l'endroit où se trouvait autrefois un moulin, transformé depuis en une charmante habitation; on remonte en voiture et, par une jolie route qui passe devant la poudrerie du Ripault, on arrive au beau viaduc de Monts qui traverse la vallée en un point des plus pittoresques où les sujets à photographier ne manquent pas. De là on monte au château de Candé, dont le propriétaire a gracieusement autorisé la visite et où il a permis d'installer les tables du déjeuner sous un long abri qui relie le château à la salle de billard; près de 100 convives prennent place à ce banquet champêtre plein d'entrain et de cordialité; après le repas, M. Ch. Gravier développe en plein jour une plaque autochrome prise par M. Adrien, et le succès couronne son expérience. Mais l'heure du départ est arrivée; les voitures dépassent Monts et Artannes avant de s'arrêter d'abord à Pont-de-Ruau, site vraiment joli, puis à Saché, ancien château de Balzac, et enfin à Azay-le-Rideau, le très beau château du XVIᵉ siècle qui est depuis peu de temps la propriété de l'État; un embryon de musée y est installé; il se développera avec le temps. Pour le moment, les crédits servent surtout à la restauration extérieure; la situation de ce monument entouré d'eau étant ravissante, de nombreux clichés ont pu être pris par les excursionnistes.

Le retour s'est effectué en chemin de fer.

SOIRÉE DU 8 JUIN 1908.

Elle a eu lieu dans la salle Brunet, située dans un passage donnant sur la rue Nationale et où l'assistance était fort nombreuse. Elle était réservée aux projections des membres de l'Union étrangers à la Société photographique de Touraine.

On a applaudi successivement les épreuves monochromes de MM. Brault, Bucquet, Demachy, Ménard, Puyo, une causerie humoristique de M. Personnaz, sur le choix d'un appareil, et une Communication de M. E. Wallon sur la photographie en couleurs, au cours de laquelle il a fait passer sur l'écran, en expliquant leurs qualités, des épreuves sur plaques àutochromes de MM. Adrien, Ferrier, Monpillard, Personnaz et Wallon, et des épreuves de M. Heyndrickx, obtenues par le procédé trichrome.

Cette soirée a été tout à fait remarquable; elle n'a eu qu'un défaut, c'est de s'être prolongée un peu tard, les présentations étant fort nombreuses.

TROISIÈME SÉANCE DE TRAVAIL,
MARDI 9 JUIN 1908.

Cette séance s'est ouverte au siège de la Société photographique de Touraine, à 8ʰ du matin, sous la présidence de M. Deslis.

L'appel constate la présence de :

MM. ADRIEN, BERGERON, BIDARD, BILLIOQUE, BOCA, BOULANGÉ, CHAMBERT, CHAPPELLIER, CHARTIER, DELÉCAILLE, DEMAY, DESLIS, DONY, DROUET, DECROT, FAURE-BEAULIEU, FONTENAY, FOUCHER (H.), GATELLIER (M. et Mᵐᵉ), JONAS, LAGRANGE, LEMAIRE, LUCAS, MANTELIER, MICHELS, OULMAN, POTEL, ROUCHON, WALLON (E.),

qui ont assisté aux séances précédentes ou à l'une d'elles, et de :

MM. BONNEMAISON (le Dʳ), du Stéréo-Club,
    LEFÈVRE,   de la Société photographique de Touraine,
    MALASSIGNÉ,   de la Société photographique de Touraine,
    THOMIRE,   de la Société photographique de Touraine,
    YOUF,   de la Société caennaise de Photographie,

qui n'avaient pu assister aux séances précédentes.

M. *Rouillé-Ladevèze,* qui est présent à la séance, est invité à prendre place au bureau.

M. *S. Pector,* secrétaire général, donne lecture d'une Communication de M. le lieutenant-colonel Houdaille, de la Société française de Photographie, et qui a pour titre : *Solution simplifiée du problème du temps de pose.*

Cette Note est écoutée avec l'attention dont elle est digne et l'assemblée adresse ses remercîments à son auteur (*voir* aux Communications).

M. le *Secrétaire général* dit que jusqu'à ce jour il n'a pas reçu de demande ferme au sujet du siège de la Session en 1909 ; M. Delécaille émet le vœu, au nom du P. C. champenois, que la Session de 1910 ait lieu à Troyes.

La question est renvoyée à la Commission permanente.

M. *E. Wallon* fait une Communication très étendue et des plus intéressantes sur la trichromie et l'autochromie (*voir* p. 46). (*Applaudissements.*)

M. *Ch. Gravier*, ayant demandé la parole, déclare qu'il n'est pas possible, à son avis, de traiter un sujet aussi difficile que celui abordé par M. Wallon, avec plus de compétence et de lucidité.

M. *Lefebvre* présente, au nom de M. Mackenstein, un matériel pour la prise des vues et le développement en plein jour des plaques autochromes. Il consiste :

1° En un châssis spécial pour charger commodément les plaques dans l'obscurité sans crainte de les abîmer ;

2° En une cuvette disposée pour recevoir ce châssis, lui enlever le cliché impressionné et développer celui-ci.

Des remercîments sont adressés à M. Lefebvre et à M. Mackenstein.

Sur la proposition de plusieurs délégués des Sociétés affiliées à l'Union nationale des Sociétés photographiques de France, qui font connaître que beaucoup de leurs collègues se sont abstenus d'assister au Congrès de Tours parce que les Compagnies de chemins de fer n'ont pas accordé cette année, comme précédemment, des réductions de tarif, l'assemblée émet le vœu suivant :

« L'Union nationale des Sociétés photographiques de France, considérant que les sessions organisées par elle chaque année ont un caractère scientifique et artistique, qu'elles ont pour but et pour effet de répandre les bonnes méthodes, et de contribuer puissamment aux progrès de la Photographie,

» Émet à l'unanimité le vœu que les membres de l'Union se rendant à ses congrès annuels bénéficient des

avantages accordés par les Compagnies de chemins de fer à
un grand nombre de groupements analogues (Société pour
l'enseignement des Sciences, Sociétés savantes, Sociétés d'ar-
chéologie, etc.),

» Et charge le Bureau de faire toutes démarches utiles
auprès de M. le Ministre des Travaux publics et de MM. les
directeurs des Compagnies de chemins de fer pour obtenir
que satisfaction soit donnée à ce vœu. »

M. le *Secrétaire général*, ayant demandé la parole, dit
qu'au moment où la Session va être close, il est sûr d'être le
fidèle interprète de tous ses collègues étrangers à la Société
photographique de Touraine en remerciant bien vivement
celle-ci du charmant accueil qu'ils ont trouvé à Tours et dont
ils lui seront toujours reconnaissants. (*Applaudissements.*)

M. *Deslis* remercie l'assemblée des applaudissements qui
viennent d'accueillir les paroles du Secrétaire général et qui
prouvent que la Société photographique de Touraine a
réussi dans les efforts qu'elle a faits pour bien recevoir ses
hôtes.

La Session ayant été déclarée close, la séance est levée
à 10^{h}30^m.

EXCURSION DANS LA VALLÉE DU CHER,
MARDI 9 JUIN 1908.

Le départ pour Chenonceaux s'est effectué à 10^{h}49^m, en
chemin de fer; une heure après on était arrivé à destination
et chacun prenait place au déjeuner servi par l'hôtel du Bon
Laboureur; à 1^{h}30^m des voitures transportent les excursionnistes à l'entrée du château qui se trouve à gauche en sortant
du village; une magnifique avenue dont le château forme la
perspective mène au pont-levis de cette magnifique demeure
bâtie à cheval sur le Cher. De jolis points de vue s'offrent aux
photographes; aussi les appareils ne sont-ils pas inactifs au
dehors, car l'intérieur leur est sévèrement interdit.

A 2^{h}30^m les voitures sont reprises et le départ pour la forêt

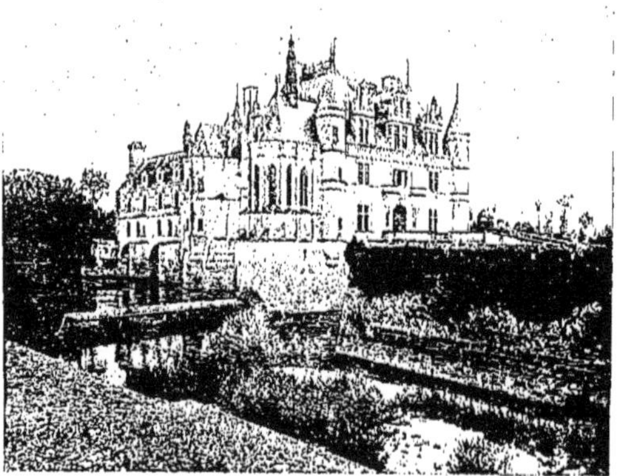

Château de Chenonceaux. Bidard.

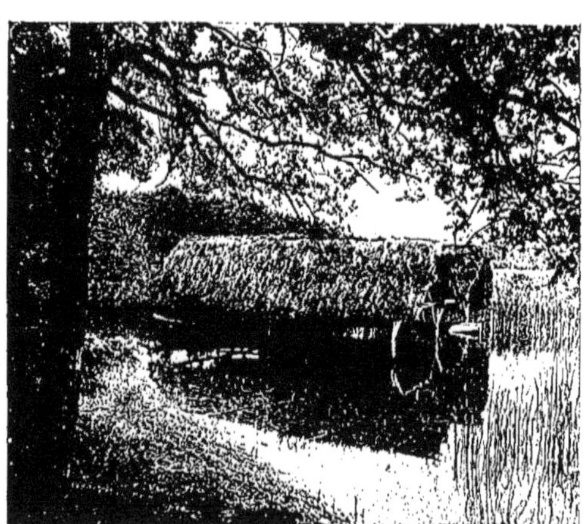

Étang de Jumeau (forêt d'Amboise). Bidard.

d'Amboise s'effectue. Une halte à l'étang de Jumeau, situé
en pleine forêt, permet de prendre de nouveaux croquis.

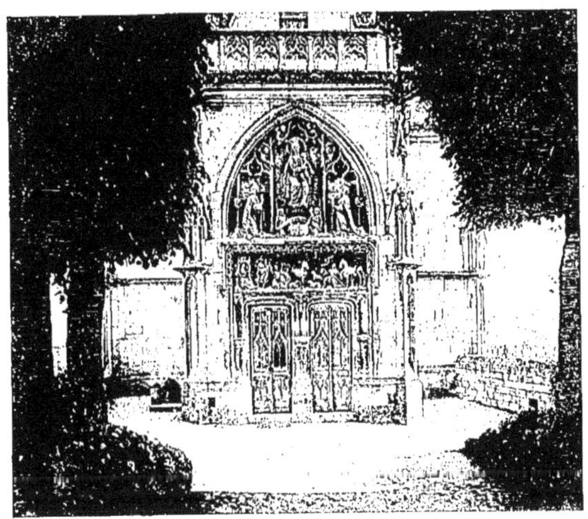

Lagrange.

Portail de la chapelle du château d'Amboise.

Une heure après Amboise est atteint; la visite du château
et de sa terrasse a vivement intéressé les excursionnistes, qui
ont, là encore, récolté une ample moisson de clichés.
Le retour s'est effectué en chemin de fer.

BANQUET DU 9 JUIN 1908.

A 8ʰ du soir a eu lieu le banquet traditionnel dans la
grande salle de l'hôtel du Faisan; les convives étaient nombreux, le menu et les vins excellents; au dessert M. Deslis,
président de la Société tourangelle, porte un toast en l'honneur de MM. Lippmann, président, et Bucquet, vice-président de l'Union, absents pour cause de maladie, des membres
présents et de la Presse.

M. S. Pector, secrétaire général de l'Union, répond en ces termes :

MONSIEUR LE PRÉSIDENT,

Je suis sûr d'être le fidèle interprète de tous mes collègues étrangers à la ville de Tours en remerciant la Société photographique de Touraine de l'accueil plein de cordialité réservé par elle aux membres de l'Union nationale des Sociétés photographiques de France réunis ici pour sa 17ᵉ Session.

D'autres voix plus autorisées que la mienne auraient dû s'élever aujourd'hui pour vous dire combien vos invités ont été sensibles aux délicates attentions dont vous les avez entourés; mais à Tours cette année, comme à Caen l'année dernière, des circonstances imprévues nous privent du plaisir de les entendre. Qu'il me soit permis d'adresser à MM. Lippmann et Bucquet nos meilleurs vœux de prompt et complet rétablissement, en même temps que l'expression de nos regrets de ne pas les voir assis à cette table.

Notre ancien président, M. Janssen, disait avec la bonhomie qui le caractérisait que là où il allait le Soleil le favorisait, parce qu'il était son grand prêtre, et nos sessions précédentes ont en effet toujours profité de cette faveur; celle de cette année a, du moins jusqu'à ce jour, joui du même privilège; elle le doit certainement à la protection de l'illustre savant qui n'oublie pas, dans les sphères de l'au-delà, les disciples de sainte Véronique.

Grâce à ce beau temps, nous aurons pu rapporter d'ici de nombreux clichés qui nous rappelleront les beaux monuments de la ville de Tours, les magnifiques châteaux de ses environs et les intéressants paysages qui les entourent.

MESDAMES, MESSIEURS,

Des esprits chagrins n'ont pas ménagé leurs critiques à notre Union; quelle est l'œuvre humaine qui peut se prétendre impeccable? Mais, en admettant que certaines de ces critiques soient fondées, il me sera permis de faire remarquer que ce n'est pas en détruisant qu'on perfectionne, mais en portant tous ses efforts vers le progrès, qui ne peut être obtenu que par une union sincère et véritable.

C'est dans des réunions comme celle qui vient de se tenir à Tours que s'établissent des relations amicales entre des personnes qui ont des résidences souvent fort éloignées les unes des autres et qui, sans le lien de notre Union, arriveraient difficilement à se connaître et à s'apprécier mutuellement.

L'Union nationale des Sociétés photographiques de France n'aurait-elle que ce résultat, que sa raison d'être serait indéniable; mais elle en a d'autres qui sont excellents pour le progrès de la science et de l'art que nous aimons tous; appuyons donc, fortifions sa marche au lieu de l'entraver, et nous ferons ainsi œuvre méritoire.

Mesdames, Messieurs, je vous propose un toast à la Société tourangelle et à ses aimables chefs, MM. Deslis, Mantelier et Foucher, sans oublier leurs zélés collaborateurs !

M. le Dr *Boureau*, vice-président de la Société tourangelle, porte un toast aux dames qui ont suivi la Session et qui ont honoré le banquet de leur présence.

M. *E. Wallon* rappelle que c'est M. Rouillé-Ladevèze, membre de la Société photographique de Touraine, qui est l'initiateur du procédé à la gomme bichromatée, et lève son verre en son honneur. M. Rouillé-Ladevèze remercie M. Wallon de ce toast sympathique.

Ces diverses allocutions ont été accueillies par de vifs et unanimes applaudissements.

M. Maurice DELÉCAILLE, secrétaire du jury des concours organisés à l'occasion de la Session de Tours, a donné lecture du Palmarès, dont la teneur suit :

Première Section. — Épreuves positives.

PREMIER GROUPE : *Côté artistique.*

Médaille de vermeil, offerte par l'*Union nationale :* M. DE SINGLY, membre de la Société française de Photographie et du Photo-Club de Paris.

Plaquette de vermeil, offerte par le *Photo-Club de Paris* (Étude d'éclairage exécutée à l'atelier) : M. VIOLLE, du Photo-Club toulousain.

Plaquette de vermeil, offerte par M. *Bucquet*, premier vice-président de l'Union nationale, pour paysage avec figure : M. Cyrille MÉNARD, membre de la Société française de Photographie.

Médaille d'argent, offerte par l'*Union nationale :* M. BILLIOQUE (L.), de la Société photographique d'Arcachon.

Plaquette d'argent, offerte par M. *Deslis*, président de la Société photographique de Touraine : M. BIDAULT, du Photo-Club rouennais.

Plaquette d'argent, offerte par la *Société photographique de Touraine :* M. Max MÉNARD, de la Société niortaise de Photographie.

Médaille de bronze, offerte par la *Société française de Photographie :* M. TEISSEIRE, de la Société photographique de la Gironde.

Plaquette de bronze, offerte par M. *Dugnay*, de la Société photographique de Touraine : M. MAUGER, du Photo-Club rouennais.

Médaille de bronze, offerte par le *Cercle Volney* : M. le colonel LUCAS, de la Société photographique de Touraine.

Médaille de bronze, offerte par l'*Association des Amateurs photographes du Touring-Club de France* : M. CHAMBERT, de la Société photographique de Touraine.

DEUXIÈME GROUPE : *Procédé*.

Médaille d'argent, offerte par Mme *Janssen* en souvenir de M. Janssen, ancien président de l'Union nationale : M. P. HEYNDRICKX, de l'Union photographique du Nord (Lille).

Deuxième Section. — Diapositives pour projections.

Plaquette de vermeil, offerte par la *Société photographique de Touraine* : M. C. MÉNARD, de la Société française de Photographie.

Médaille d'argent, offerte par M. *S. Pector*, secrétaire général de l'Union nationale : M. LAISNÉ, membre de la Société française de Photographie et de la Société d'Excursions.

Plaquette d'argent, offerte par M. *Mantelier*, vice-président de la Société photographique de Touraine : M. GATELLIER, de la Société française de Photographie.

Plaquette d'argent, offerte par M. le Dr *Boureau*, vice-président de la Société photographique de Touraine : M. MICHELS, de la Société lorraine de Photographie.

Médaille de bronze, offerte par la *Société photographique de Touraine* : M. F. LAGRANGE, de l'Association des Amateurs photographes du Touring-Club de France.

Médaille de bronze, offerte par la *Société photographique de Touraine* : M. PIEUSOCQ, de la Société d'Excursions.

Troisième Section. — Épreuves stéréoscopiques sur verre et sur papier.

Médaille de vermeil, offerte par la *Société française de Photographie* : M. PETITOT, de la Société d'Excursions.

Médaille d'argent, offerte par M. *Daranne*, membre associé : M. THÉRIN, membre du Stéréo-Club français.

Médaille de bronze, offerte par la *Société photographique de Touraine* : M. le Dr BONNEMAISON, membre du Stéréo-Club français.

La médaille d'argent, offerte par la *Photo-Revue* à la personne qui se sera employée le plus activement à organiser les réunions et les excursions, est décernée à M. FOUCHER, secrétaire général de la Société photographique de Touraine.

Le jugement de l'appareil présenté par M. Ch. GRAVIER pour le développement en plein jour des plaques autochromes ou autres et de celui présenté par M. DELÉCAILLE dans le même but est renvoyé à la Commission permanente.

Le jury a constaté que la moyenne de la qualité des envois faits à Tours a été vraiment remarquable, ce qui prouve, selon lui, d'une façon surabondante l'excellence de l'impulsion donnée à la Photographie par l'Union nationale des Sociétés photographiques de France; sa conviction est que ce mouvement ne fera que croître d'année en année.

Un certain nombre de concurrents ayant envoyé un nombre d'épreuves supérieur à celui indiqué par le règlement, le jury a formulé le vœu que les envois se maintiennent désormais dans les limites réglementaires sous peine de nullité totale de l'envoi.

Les noms des lauréats ont été salués par de chaleureux vivats; on s'est séparé vers 11ʰ 30ᵐ en se donnant rendez-vous pour l'excursion du mercredi 10 juin.

EXCURSIONS HORS SESSION.

EXCURSION A LOCHES ET A BEAULIEU,
MERCREDI 10 JUIN 1908.

Le départ s'est effectué à 8h 7m du matin par le chemin de
fer qui a déposé les excursionnistes à Loches à 9h 30m.

Dès la sortie de la gare, la tour Saint-Antoine s'offre à la
vue ; chacun dépose, à l'hôtel de la Promenade où doit avoir
lieu le déjeuner, les objets encombrants ou inutiles, et l'on

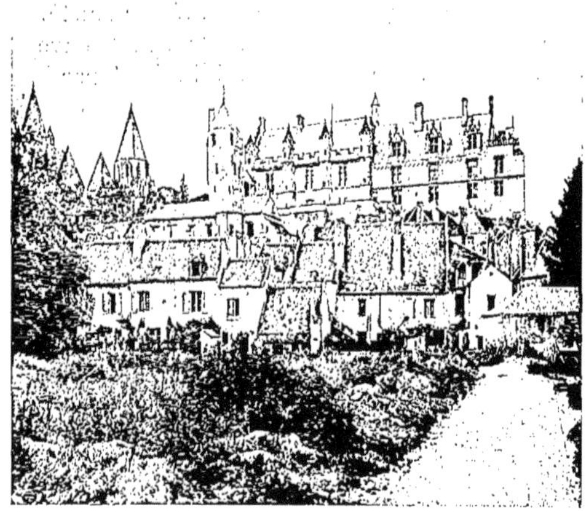

Loches.   Ducrot.

part pour visiter tous les monuments de cette ville intéressante et pittoresque : c'est d'abord la porte des Cordeliers,
c'est ensuite l'esplanade du grand Mail d'où l'on voit l'ancien
château, devenu l'hôtel de la Sous-Préfecture, puis l'Hôtel
de ville qui date du xvie siècle, la Chancellerie, l'Église col-
légiale Saint-Ours, le Donjon, le Château dont l'intérieur
renferme le tombeau d'Agnès Sorel.

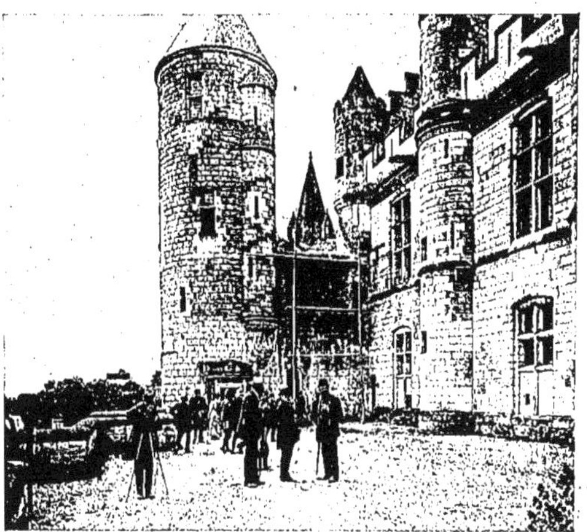

Terrasse du château de Loches.   Bidard.

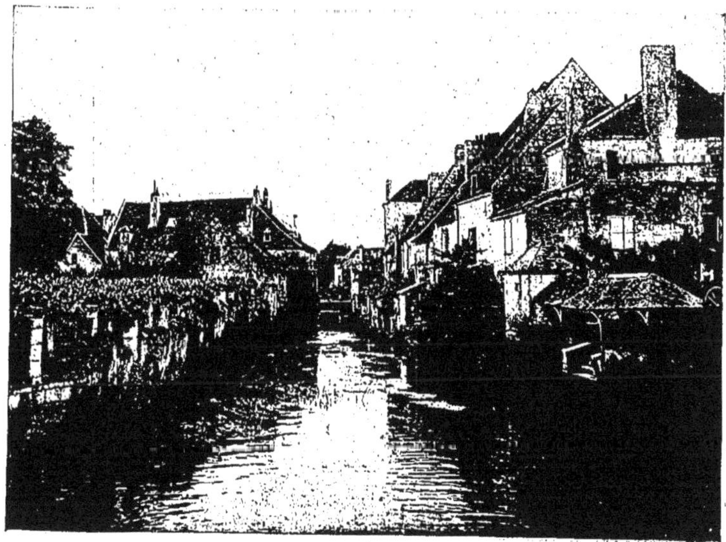

Beaulieu (près de Loches).   E. Wallon.

Après le déjeuner, les excursionnistes se sont rendus à Beaulieu, petite ville située à peu de distance de Loches sur la rive droite de l'Indre et dont l'église abbatiale est un édifice remarquable de style roman, en partie ruiné; en face se trouvent une petite maison à tourelle du xvi° siècle et des tanneries d'où l'on jouit de charmants points de vue sur la rivière.

Le retour s'est effectué par le chemin de fer.

EXCURSION DANS LA VALLÉE DE LA VIENNE,
JEUDI 11 JUIN 1908.

Le départ s'est effectué à 5ʰ 54ᵐ du matin; c'était un peu tôt, mais il ne fallait pas perdre de temps, car la journée était chargée.

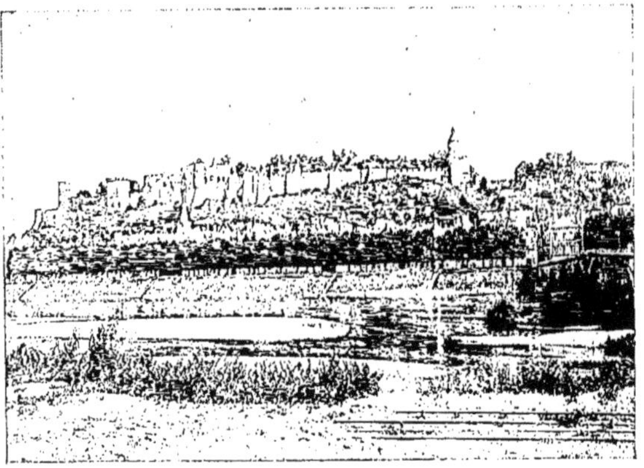

S. Pector.

Chinon.

Dès l'arrivée à Chinon, 7ʰ 18ᵐ, les yeux ont été favorablement impressionnés par l'aspect extrêmement pittoresque de cette ville curieuse à tous les points de vue, et dont on embrasse le panorama depuis le pont du chemin de fer sur la Vienne.

Après un petit déjeuner servi à l'hôtel de l'Union, sur la place où se trouve la statue équestre de Jeanne d'Arc, la visite de la ville a commencé; nous renvoyons au guide Joanne ceux qui désirent être documentés d'une manière

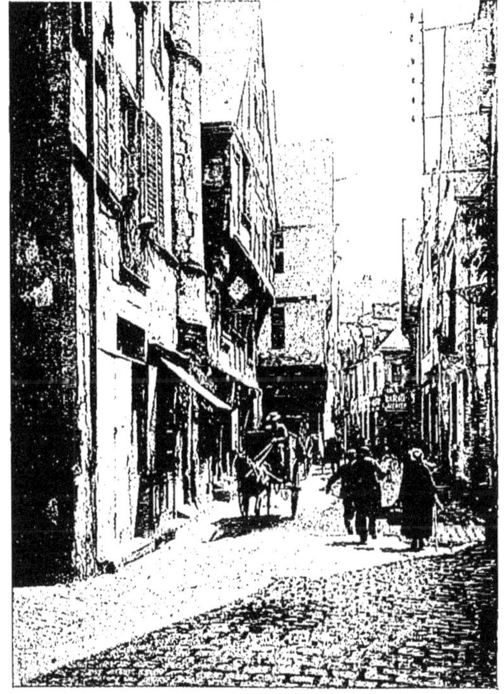

E. Wallon.

Chinon

complète sur cette vieille cité de Chinon, si digne d'arrêter les amateurs de beautés archéologiques; qu'il nous suffise de dire que les amateurs de photographie sont sûrs d'y glaner facilement une quantité de jolis clichés.

Le château qui occupe une longue ligne, au sommet de la

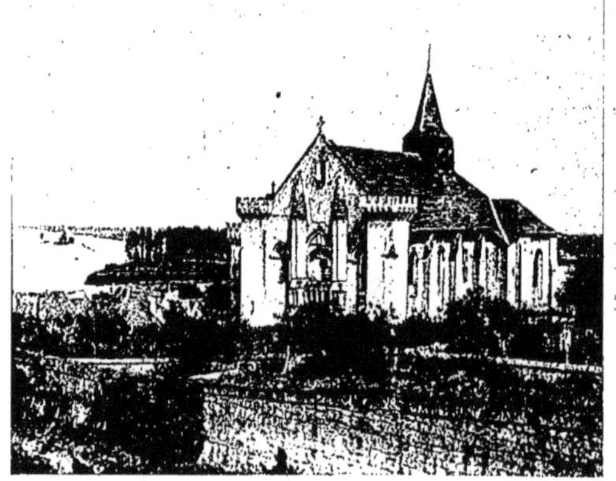

Duerot.

Candes.

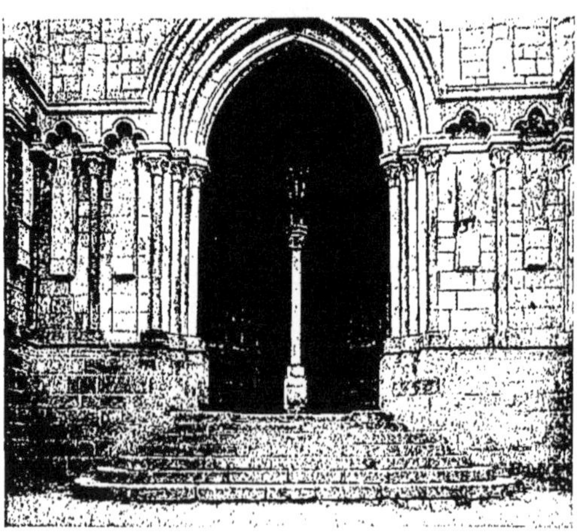

Église de Candes.

Bidard.

colline qui domine la Vienne, est à lui seul une véritable mine d'or pour les fidèles de la chambre noire.

Les vieilles rues sont riches en maisons aux formes bizarres et pittoresques.

A l'issue du déjeuner, on monte en voiture pour Candes, situé au pied des coteaux qui dominent le confluent de la Vienne et de la Loire. L'église, située au milieu du bourg, a de très belles proportions et se distingue par un porche latéral avec une colonnette centrale recevant la retombée des voûtes.

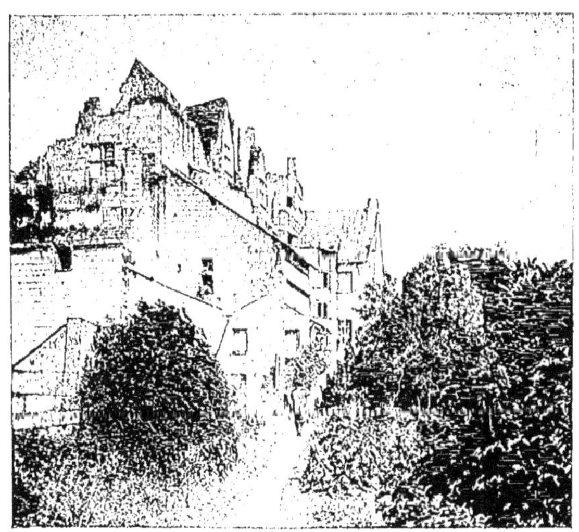

Bergeron.

Ruines du château de Montsoreau.

En montant au château d'où l'on jouit d'une vue très étendue, on domine l'ensemble de la basilique.

De Candes on se rend à Montsoreau, dont les ruines bordent la route qui longe la rive gauche de la Loire; avant la création de cette route, les murs du château baignaient dans le fleuve.

La cour intérieure est riche en détails intéressants.

Une heure après cette halte on arrive à Saumur, dont l'Hôtel de ville, situé sur la rive gauche de la Loire, a un caractère tout à fait monumental.

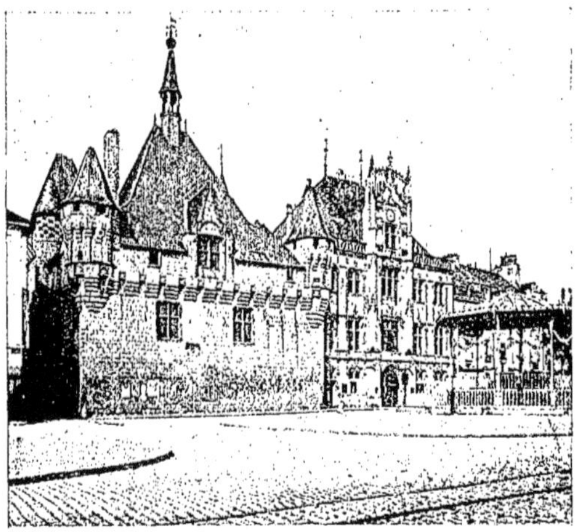

Hôtel de ville de Saumur.

Saumur étant la dernière étape de cette belle excursion du 11 juin, les membres de l'Union, qui se trouvaient encore réunis en assez grand nombre, ont remercié les membres de la Société tourangelle, du soin avec lequel elle avait organisé la Session de 1908, par l'organe de M. E. Wallon, qui s'est fait leur interprète avec son talent habituel; de cordiales poignées de mains se sont alors échangées et l'on s'est séparé bien à regret, les uns rentrant directement à Paris, les autres dans les différentes villes qui sont le siège des Sociétés affiliées à l'Union.

Tous conserveront le meilleur souvenir de l'accueil qu'ils ont reçu à Tours de la part des membres de la Société photographique de Touraine.

Les illustrations de ce Compte rendu ont été faites par la maison F. Bouché, d'après les clichés de MM. Bergeron,

Bidard, Boca, Ducrot, Lagrange et Wallon. Nous les remercions de leur aimable et précieux concours, ainsi que la maison Berthaud qui nous a gracieusement offert le tirage de la photocollographie hors texte qui reproduit un charmant cliché de M. Boca.

Le Secrétaire général,
S. PECTOR.

Concours de la Session de Tours.

Le jury chargé de juger les envois d'épreuves faites au cours de la session de Tours, ainsi que dans les excursions hors session qui l'ont suivie, s'est réuni au siège social le jeudi 19 novembre 1908, à 2ʰ; après examen des huit envois, le jury a décerné les récompenses suivantes :

Médaille de vermeil du Cercle Volney à *Pourquoi pas?* M. Victor GATELLIER, de la Société française de Photographie et de la Société d'excursions, pour ses projections.

Médaille de bronze de Mᵐᵉ Janssen à *Pour une fois!* M. DUCROT, de la Société française de Photographie et de la Société d'excursions, pour ses projections.

Plaquette d'argent de la Société de Tours à *Sole mio.* M. le Dʳ BONNEMAISON, du Stéréo-Club français : Stéréoscopes.

Plaquette de bronze de la Société de Tours à P. B. M. BERGERON, du Stéréo-Club français et du Photo-Club de Nice : Stéréoscopes.

Médaille d'argent de la Société des Amateurs photographes de Paris à *Pour la gloire!* M. Paul LANGLOIS, président de la Société des Photographistes parisiens, pour ses épreuves sur papier, procédé à l'huile.

Médaille de bronze du Cercle Volney à *J'avise et je vire.* M. Max MÉNARD, de la Société de Niort, pour ses épreuves sur papier.

MÉMOIRES ET COMMUNICATIONS.

SOLUTION SIMPLIFIÉE DU PROBLÈME DU TEMPS DE POSE ;

Par M. le Lieutenant-Colonel HOUDAILLE,
de la *Société française de Photographie*.

(Communication faite à la séance du 10 juin 1908.)

La solution du problème du temps de pose a de tout temps passionné les chercheurs. Tout récemment, notre éminent collègue, M. Wallon, a consacré une fort intéressante étude à un appareil très ingénieux imaginé par M. Simon Français et qui permet de résoudre, sans calculs, toute une série de problèmes relatifs à l'emploi de l'objectif photographique.

Nous avons nous-même présenté, il y a quelques années, à la Société française de Photographie, le chronophote, système Houdry et Durand, qui donne, par la manœuvre de deux disques concentriques, le temps de pose cherché.

Il semble donc que le sujet soit épuisé, mais il faut compter avec l'aversion insurmontable de l'amateur photographe pour tout ce qui, de près ou de loin, exige une tension d'esprit. Nous nous sommes demandé si l'on ne pourrait pas condenser en un Tableau, donnant par lecture directe le temps de pose cherché, les cas qui se présentent le plus souvent pour l'amateur opérant en plein air.

Pour établir ce Tableau, nous nous sommes basé sur un certain nombre de considérations résultant de l'observation ou d'une longue expérience.

1° *Diaphragme.*

En plein air, on a toujours intérêt à employer le plus grand diaphragme possible.

Si l'on veut faire de la photographie en hiver, il faut se munir d'un objectif ouvert à F : 6,3, ou mieux à F : 4,5. En été, on pourra se contenter de l'objectif ouvert à F : 9, si l'on ne dispose pas d'un instrument à F : 6,3.

Nous ne considérerons donc que deux diaphragmes pour chaque saison.

2° *Saisons de l'année.*

Il existe de nombreux calendriers donnant jour par jour et heure par heure, du 1er janvier au 31 décembre, l'intensité de la lumière solaire. Le moindre défaut de ces calendriers est d'être aussi peu exacts que l'*Almanach de Mathieu de la Drôme* ou les pronostics du *Vieux Major*. En réalité, il n'existe sous notre latitude de Paris que deux saisons caractérisées par l'état de l'atmosphère :

Atmosphère brumeuse, qu'on rencontre généralement de novembre à février ; atmosphère relativement transparente de mars à octobre.

3° *Nature et éclairage du sujet.*

Tous les Traités sur le temps de pose donnent une énumération aussi longue qu'incomplète des différents sujets que peut rencontrer le photographe : panoramas, monuments avec verdures, etc., etc.

En fait, tous les sujets de plein air peuvent rentrer dans une des trois catégories ci-dessous :

Sujet bien éclairé au soleil ;

Sujet bien éclairé à l'ombre ;

Sujet mal éclairé à l'ombre.

Dans nos climats, le rapport des temps de pose pour ces trois types est respectivement de 1, 8, 32.

4° *Sensibilité de l'émulsion.*

Pratiquement, on ne se sert à l'extérieur que de plaques extra-rapides de diverses marques.

En prenant comme unité le temps de pose nécessaire pour l'émulsion Jougla étiquette rose, émulsion d'une grande régularité, nous avons constaté que les temps de pose de toutes les autres marques dites *extra-rapides* étaient compris entre $\frac{1}{2}$ et 2. Or, on sait qu'un écart de pose allant du simple au double a peu d'influence sur le résultat final.

Un Tableau basé sur l'emploi de l'émulsion Jougla peut donc s'appliquer pratiquement à toutes les émulsions.

Depuis 1908, les plaques autochromes ont fait leur apparition, et, en raison du double écran coloré placé devant l'objectif et devant l'émulsion, elles exigent un temps de pose relativement considérable.

Suivant la coloration du sujet, si l'on représente par 1 le temps de pose de l'émulsion Jougla extra-rapide, celui des plaques autochromes pourra varier entre 25 et 50.

Nous avons adopté pour notre Tableau simplifié le chiffre de 32.

La plaque à projections, dite *au lactate,* de Guilleminot, est peu employée pour obtenir des négatifs; mais elle peut servir de plaque d'essai pour vérifier le temps de pose des plaques autochromes.

Si l'on représente par 1 le temps de pose de la plaque au lactate, celui de la plaque autochrome sera de 4 environ.

Comme la progression de l'opacité ne suit pas la même loi dans ces trois types d'émulsions, il ne faut pas attribuer aux chiffres ci-dessus une valeur absolue, mais simplement une indication moyenne résultant d'un certain nombre d'essais.

5° *Durées de pose.*

On peut opérer soit au bouchon, soit à l'obturateur.

Avec le bouchon, manœuvré aussi vivement que possible, on arrive à donner le $\frac{1}{4}$ de seconde.

En comptant rapidement 1, 2, 3, 4, 5, on obtient assez exactement la seconde.

Enfin, au delà de 4 secondes, on peut réaliser toutes les durées au moyen d'une montre à secondes.

Nous avons essayé un certain nombre d'obturateurs fonctionnant au cran dit *Pose.*

Si l'obturateur est à la plus faible vitesse, on peut réaliser le $\frac{1}{4}$ de seconde en ouvrant et en fermant sans arrêt. En bandant le ressort de l'obturateur, on obtient dans les mêmes conditions le $\frac{1}{8}$ de seconde.

Si l'on excepte les obturateurs de plaque, le temps de pose des obturateurs de commerce varie de $\frac{1}{10}$ de seconde pour la plus petite vitesse à $\frac{1}{100}$ de seconde pour la plus grande. Beaucoup ne dépassent pas le $\frac{1}{50}$ de seconde.

Comme on peut s'en rendre compte par cet exposé, le nombre de durées dont on dispose pratiquement n'est pas illimité. L'échelle ci-après des temps de pose paraît largement suffisante :

$$\underbrace{\frac{1}{128} \quad \frac{1}{64} \quad \frac{1}{32} \quad \frac{1}{16}}_{\substack{\text{Obturateur} \\ \text{au cran } \textit{instantané.}}} \qquad \underbrace{\frac{1}{8} \quad \frac{1}{4}}_{\substack{\text{Obturateur} \\ \text{au cran } \textit{posé.}}} \qquad \underbrace{\frac{1}{2} \quad 1 \quad 2 \quad 4 \quad 8}_{\substack{\text{Pose} \\ \text{au bouchon.}}}$$

Le Tableau des temps de pose que nous avons établi en nous basant sur les considérations énumérées dans cette Note un peu sommaire n'a pas la prétention de fournir toujours la pose la meilleure, mais en l'employant on sera sûr d'obtenir toujours un cliché utilisable. C'est, au fond, ce que demandent la plupart des photographes dont les prétentions artistiques sont modestes.

TABLEAU N° 1.

Atmosphère transparente : mars à octobre.

Éclairage du sujet.	Émulsion extra-rapide Jougla étiquette rose.		Émulsion au lactate Guilleminot.		Plaques autochromes.	
	F : 6,3.	F : 9.	F : 6,3.	F : 9.	F : 6,3.	F : 9.
Sujet bien éclairé au soleil	$\frac{1}{128}$	$\frac{1}{64}$	$\frac{1}{16}$	$\frac{1}{8}$	$\frac{1}{4}$	$\frac{1}{2}$
Sujet bien éclairé à l'ombre	$\frac{1}{16}$	$\frac{1}{8}$	$\frac{1}{2}$	1	2	4
Sujet mal éclairé à l'ombre	$\frac{1}{4}$	$\frac{1}{2}$	2	4	8	16

TABLEAU N° 2.

Atmosphère brumeuse : novembre à février.

Éclairage du sujet.	Émulsion extra-rapide Jougla étiquette rose.		Émulsion au lactate Guilleminot.		Plaques autochromes.	
	F : 4,5.	F : 6,3.	F : 4,5.	F : 6,3.	F : 4,5.	F : 6,3.
Sujet bien éclairé au soleil	$\frac{1}{32}$	$\frac{1}{16}$	$\frac{1}{4}$	$\frac{1}{2}$	1	2
Sujet bien éclairé à l'ombre	$\frac{1}{4}$	$\frac{1}{2}$	2	4	8	16
Sujet mal éclairé à l'ombre	1	2	8	16	32	64

AUTOCHROMIE ET TRICHROMIE;

Par M. E. WALLON.

(Communication faite à la séance du 9 juin 1908.)

I. Depuis que les plaques autochromes ont été mises à la disposition des photographes, un an s'est écoulé, où l'on a eu tout loisir de les étudier, dans leur constitution, dans leur maniement, dans leurs résultats. De tous ces travaux, poursuivis au laboratoire, dans l'atelier, ou devant la nature, on peut commencer à tirer quelques conclusions.

Il était surtout intéressant de savoir si le nouveau mode d'application de la méthode indirecte faisait mieux que d'offrir au photographe, amateur ou professionnel, des facilités plus grandes; s'il l'emportait réellement, au point de vue théorique comme au point de vue pratique, sur les modes anciens; s'il pouvait enfin rendre des services à l'industrie photomécanique, soit par les ressources qu'il apportait, soit par les enseignements qu'il comportait.

L'expérience semble bien avoir confirmé les prévisions les plus favorables. Et, tout d'abord, il est apparu que la plaque autochrome nous permettait de mieux approcher du but essentiel, étant susceptible de reproduire les couleurs naturelles avec une perfection qui, jusqu'ici, n'avait pas été atteinte. A cet égard, nul ne conteste une supériorité qui s'est tout particulièrement accusée le jour où, voulant multiplier, pour les faire connaître au public par la voie de la presse illustrée, les images obtenues par MM. Lumière et leurs premiers élèves, il a fallu recourir, pour la reproduction, au procédé trichrome. La perte était considérable, encore que les traducteurs eussent été choisis parmi les plus habiles.

A quelles causes est due cette supériorité? A quelles limites s'arrête-t-elle? L'inégalité peut-elle s'accroître encore, ou s'atténuer? C'est ce que je voudrais essayer d'examiner brièvement, sans songer à entreprendre l'étude approfondie d'un problème qui est certainement très complexe.

J'ai surtout en vue la comparaison des plaques auto-

chromes de MM. A. et L. Lumière au procédé actuellement
en usage dans les ateliers de reproduction photomécanique.
Mais il me faudra souvent généraliser un peu ; c'est pourquoi
j'ai employé des désignations qui ne fussent pas trop restric-
tives : la *Trichromie* pouvant être caractérisée par l'emploi
de trois monochromes continus, du moins en principe,
obtenus séparément et combinés ensuite, l'*Autochromie* par
l'emploi de trois monochromes discontinus, enchevêtrés,
obtenus d'un seul coup et, de bout en bout, solidaires les
uns des autres.

Il faut reconnaître, tout d'abord, mais pour le mettre im-
médiatement hors de cause, un désavantage évident de la
seconde méthode sur la première : celle-ci peut fournir des
épreuves en nombre illimité ; celle-là ne peut donner qu'une
épreuve unique, ou à peu près. Et ce désavantage est tel, au
point de vue pratique, qu'il ne peut être question d'une lutte
ou même d'une concurrence : l'autochromie, si elle peut
aider à perfectionner, ou même à transformer, la trichromie,
ne peut en aucune façon prétendre, aujourd'hui, à la dé-
trôner.

Quant aux avantages, s'ils n'ont pas la même importance
économique, ils ne me semblent pas plus contestables. Ils
tiennent surtout à ce que les conditions d'application, plus
simples et meilleures dans l'autochromie, n'y comportent ni
les mêmes difficultés ni surtout les mêmes chances d'insuccès.
Mais je pense qu'ils ont d'autres causes encore, et que des
questions de principe aussi sont en jeu.

II. Les deux méthodes ont même origine ; si l'une d'elles
s'est d'abord développée à l'exclusion de l'autre, elles sont
toutes deux indiquées dans les Mémoires où étaient exposés
pour la première fois les moyens d'arriver à la reproduction
indirecte des couleurs, et, tout particulièrement, dans la
brochure de L. Ducos du Hauron ; d'ailleurs, elles constituent seulement deux formes distinctes d'un procédé unique.
Sans revenir sur des explications déjà trop souvent répétées,
il me faut cependant bien rappeler, pour donner une base
à la discussion, l'observation déjà ancienne sur quoi est
fondée la « méthode indirecte ». A la formule résumant cette
observation je laisserai provisoirement, et volontairement,

une certaine imprécision; c'est, en effet, au moment de la préciser qu'apparaîtra le désaccord.

Nous dirons donc, simplement : toutes les sensations colorées peuvent être pratiquement obtenues au moyen de trois couleurs, convenablement choisies et mélangées en proportions convenables.

On est ainsi amené à cette idée que toute couleur complexe peut être assimilée à une combinaison de trois couleurs, dites *primaires*, et que, après une opération d'analyse où les éléments de la combinaison seront séparés et dosés, une opération de synthèse, où ils seront réunis à nouveau dans les proportions révélées par ce dosage, permettra de reconstituer la teinte initiale, ou du moins de provoquer la même sensation. La reconstitution est photographique si nous obtenons, au cours de l'analyse, des impressions où les trois couleurs primaires s'enregistrent qualitativement et quantitativement, et si, pour la synthèse, nous utilisons ces seules empreintes.

L'analyse ne peut guère se faire que d'une manière. Au travers de trois filtres, dont chacun est transparent pour l'une des couleurs primaires, on prendra du modèle trois photographies distinctes, sur des préparations capables d'ignorer, si l'on peut dire, la nuance des rayons qui les frappent, et d'enregistrer seulement la quantité de lumière, ou plutôt d'énergie, qu'ils transportent. Nous aurons ainsi nos trois empreintes, sous forme de négatifs constitués par un dépôt d'argent réduit dont l'opacité varie d'un point à l'autre.

La synthèse, au contraire, peut être effectuée de deux façons différentes : par addition ou par soustraction.

Dans tous les cas, nous tirerons, des trois négatifs, trois positifs, qui pourront être, eux aussi, formés d'argent réduit et doublés d'un filtre coloré, ou bien colorés par eux-mêmes, dans la masse, et que nous ferons traverser par de la lumière blanche. Seulement, dans le premier cas, nous emploierons trois faisceaux distincts, dont chacun ne traversera que l'un des positifs monochromes, et que nous réunirons, à leur sortie, de façon à obtenir une image unique dont la coloration, en chaque point, sera due à la combinaison des apports fournis par les trois faisceaux. Dans le second cas, au contraire, nous ferons passer un faisceau unique successivement à travers les trois positifs, de telle sorte qu'il abandonne à chaque passage une partie des radiations qu'il transporte, et qu'il acquière ainsi, en s'appauvrissant progressivement, sa coloration définitive.

Il est facile de concevoir que, à des méthodes aussi différentes, ne puissent convenir des moyens identiques. Et, de fait, si nous procédons par addition, chaque positif, ou l'écran dont il est doublé, doit avoir la même coloration que le filtre au travers duquel a été pris le négatif correspondant; il doit recevoir, au contraire, la coloration complémentaire si nous opérons par soustraction. Nous aurons donc alors besoin de deux triplets; pour l'un, les couleurs reconnues maintenant comme les plus favorables sont un rouge orangé, un vert et un violet : l'autre comprendra donc un bleu moyen, un rouge pourpre et un jaune.

Notons que, dans la synthèse additive, le blanc est obtenu par le mélange à parts égales des trois couleurs primaires, et que le noir correspond à l'absence de toute couleur; dans la synthèse soustractive, il faut, pour que le faisceau lumineux donne du blanc en un point de l'image, qu'il n'ait rencontré sur son passage aucune épaisseur colorée; pour qu'il donne du noir, que des absorptions successives l'aient totalement arrêté.

C'est la synthèse par soustraction qui s'impose dans la trichromie pelliculaire, employée pour obtenir soit des diapositives colorées, soit des épreuves artistiques, en nombre réduit, sur supports opaques. C'est elle aussi qui est utilisée dans la trichromie industrielle, où les trois positifs, obtenus en général par les méthodes de la similigravure, sont superposés par impressions successives au moyen d'encres colorées.

Dans l'autochromie, nous avons affaire à la synthèse par addition. Sans entrer dans les détails, il nous suffira de faire observer que l'écran polychrome, placé devant l'émulsion et constitué dans la plaque de **MM.** Lumière par une couche unique de grains de fécule, n'est pas autre chose qu'une mosaïque où les trois filtres, enchevêtrés les uns dans les autres, se juxtaposent sans se superposer. Après le premier développement, derrière chacun d'eux s'est formé, par dépôt d'argent réduit, un négatif élémentaire qui s'est, après l'in-

version, transformé sur place en un positif; et celui-ci, par
conséquent, de façon automatique, se trouve doublé du filtre
même qui a servi pour le négatif. Les pinceaux transmis par
les positifs élémentaires cheminent ensuite côte à côte, et
arrivent à notre œil séparés; mais ils sont trop déliés pour
que nous puissions les distinguer les uns des autres, et c'est
en somme sur la rétine que se fait leur mélange, ou plutôt
que s'opère leur confusion.

III. Ainsi, et nous limitant d'abord à des considérations
purement techniques, il nous faut, pour la trichromie, six
couleurs primaires, dont nous devrons choisir la teinte et
régler l'intensité. Pour l'autochromie, il nous suffit de trois.

Dans la trichromie, nous avons trois images positives
à établir séparément, ce qui comporte trois poses, trois déve-
loppements, et trois tirages, puis à repérer; je donne ici au mot
tirage un sens très large. Dans l'autochromie, nous n'avons
qu'une seule pose et un seul développement, suivi d'une in-
version : les opérations de renforcement ne sont pas, en principe, nécessaires; il n'est évidemment pas question de repé-
rage.

Si maintenant nous observons que toute erreur grave dans
le choix des couleurs primaires et le réglage de leurs inten-
sités relatives, dans la détermination des temps de pose, dans
le traitement des préparations photographiques, puis, s'il y a
lieu, dans les opérations typographiques, entraînera une rup-
ture d'équilibre qui, si elle n'est pas compensée d'autre part,
faussera forcément le résultat final, il nous faut bien reconnaître que la simplification réalisée dans l'autochromie a une
importance considérable : elle ne fait pas que réduire les
peines du photographe; elle réduit, dans une proportion
considérable, ses chances d'insuccès.

Et ce sont les plus graves qui ont disparu, tout au moins
pour l'opérateur. L'avantage, d'abord, est énorme, de n'avoir
à choisir que trois couleurs au lieu de six, car c'est le second
triplet, dans la trichromie industrielle, qui est le plus difficile à constituer : les qualités de transparence et de perma-
nence qu'il faut exiger des encres compliquent singulière-
ment le problème, au point que, dans la pratique, on en
est réduit à s'écarter beaucoup des teintes dont on a réelle-

ment besoin. Quant aux trois couleurs dont se contente l'autochromie, c'est le fabricant qui les choisit, qui les dose dans le filtre composite; et, réglant la sensibilité de l'émulsion dans les diverses régions du spectre, c'est lui, en somme, qui établit l'équilibre entre les trois images élémentaires; l'opérateur n'a plus qu'à choisir le temps de pose commun, et à conduire le développement au point voulu.

Pour remplir la tâche qu'ils assumaient, MM. Lumière ont pris des moyens qui, sans doute, ne paraissaient pas des plus simples, mais qui du moins étaient bien à eux, et qui ont eu le grand mérite de les conduire au but avant leurs concurrents. Arrêtons-nous un instant à les discuter.

Le grain de fécule est d'une transparence médiocre, il n'est pas très commode à teindre et il est sphérique; cette forme favorise l'étendage, mais elle présente de sérieux inconvénients : c'est, d'abord, que les grains laissent entre eux des intervalles par où passerait de la lumière blanche et qu'il faut absolument faire disparaître, au moyen d'un laminage, qui est délicat et laisse des traces, puis au moyen d'un léger semis de particules de charbon, qui réduisent encore la transparence (d'après des mesures faites en Allemagne il ne sortirait guère, d'une plaque autochrome, que 10 pour 100 de la lumière incidente) (¹); c'est ensuite que les éléments de l'écran ainsi constitué ne sont pas en contact optique, et que la surface n'en est pas rigoureusement plane : d'où des phénomènes de diffusion dont souffre l'éclat des couleurs, et que le vernis, dont les inventeurs préconisent l'étendage sur l'épreuve terminée, a pour rôle d'atténuer. Enfin les grains colorés, quelque soin qu'on ait pris d'en assurer le mélange intime, sont distribués dans la couche de façon forcément irrégulière, sans aucune autre loi que celle des probabilités; il se produira donc des groupes de même couleur dont les dimensions ne seront plus microscopiques.

L'adoption d'un « grain mécanique », suivant l'expression même de Ducos du Hauron dans sa Note de 1869, c'est-à-dire d'un réseau trichrome régulier, obtenu par impres-

---

(¹) Un perfectionnement, apporté depuis la rédaction de cet article à la fabrication des plaques autochromes, et concernant la teinture des grains de fécule, a permis d'atténuer beaucoup l'absorption de lumière.

sion, par teinture ou par tout autre procédé, permettrait d'éviter de tels défauts, et aussi d'obtenir, plus économiquement peut-être, une couche sûrement plus transparente. Mais les recherches opérées dans cette voie n'ont pas encore, il faut le croire, donné à ceux qui les poursuivent pleine satisfaction. L'emploi du grain matériel a d'ailleurs le très grand avantage que le dosage des couleurs primaires dans l'écran polychrome s'y fait aisément et d'un seul coup. En employant une émulsion panchromatique, il suffit de réunir les trois types de grains colorés dans une proportion telle que la poudre formée par le mélange ne présente pas de coloration appréciable. Avec un grain mécanique, il faudra régler séparément, en quelque sorte, l'intensité colorée des éléments et leur étendue relative. On y parviendra bien, par tâtonnements, en se guidant sur l'aspect de la couche examinée en lumière blanche; mais ces tâtonnements ne seront pas si faciles, et, une fois les planches établies, si par exemple il s'agit d'impression, un incident de fabrication, à l'encrage ou au tirage, pourra détruire l'équilibre. Avec d'autres procédés dont il a été parlé, les tâtonnements seraient plus malaisés encore, et la régularité des résultats moins certaine.

Si, dans la plaque autochrome, l'équilibre a été finalement obtenu et assuré, peut-on dire que ce soit pour toujours et de façon complète? que, à toute heure, en tous lieux, en toutes circonstances, le temps de pose unique conviendra parfaitement aux trois couleurs primaires? Ce serait évidemment excessif. D'abord, nous avons parlé d'une émulsion panchromatique, c'est-à-dire également sensible à toutes les lumières colorées : une telle condition ne peut encore être pleinement satisfaite; on s'en est assez approché dans la plaque autochrome pour que l'inégalité résiduelle pût être compensée par l'interposition d'un écran, toujours nécessaire d'ailleurs pour fermer le passage aux radiations ultra-violettes.

La teinte de cet écran doit être naturellement appropriée à la gamme de sensibilité de l'émulsion; cela suffit-il? A peu près sans doute, et l'on peut s'en contenter, si je puis dire, en première approximation. Mais certaines observations font croire qu'il serait avantageux d'imposer encore à la nuance

de cet écran compensateur quelque relation avec la couleur
dominante du modèle, avec l'état de l'atmosphère; on a
même parlé d'altitude et de latitude, et ces variables un peu
inattendues se rattacheraient vraisemblablement à la précédente, l'absorption des radiations violettes et ultra-violettes
par l'atmosphère pouvant être moins active aux grandes
altitudes et aux latitudes élevées. C'est dire qu'il serait bon
d'avoir à sa disposition, non plus un écran, mais plusieurs :
complication opératoire qu'on a bien fait d'écarter au début,
mais à laquelle les plus habiles se résigneront sans doute, et
dont ils seront payés par une plus grande perfection dans les
résultats.

Passons aux difficultés qui, dès maintenant, restent à la
charge de l'opérateur. C'est d'abord la détermination du
temps de pose; elle est délicate. La loi de variation n'est
sûrement pas la même que pour la photographie ordinaire,
quoi qu'en aient dit plusieurs auteurs qui ont cru pouvoir
fixer un rapport constant entre le temps d'exposition qui
convient à la plaque autochrome et celui qu'exige une plaque
bleue de Lumière, par exemple; les variations avec la coloration du sujet, avec l'heure, avec la saison, sont très différentes, si j'en juge par ma propre expérience : et il semble
bien qu'il en doive être ainsi. Il est d'ailleurs moins facile,
avec la plaque autochrome, quand le sujet comporte
des oppositions violentes, que des parties très sombres y
voisinent avec des parties très claires, de trouver un temps
de pose moyen qui convienne à peu près aux unes comme
aux autres. C'est ainsi qu'on a quelque peine à obtenir, avec
sa nuance exacte, un ciel très lumineux sur un paysage un
peu corsé. D'habiles opérateurs y remédient par des arti-
fices, interposant devant l'objectif, pendant une partie de la
pose, un carton convenablement découpé : il y faut beaucoup
d'adresse! La difficulté, à vrai dire, est moindre quand on
évite d'opérer à franc contre-jour, la différence de luminosité
du ciel et du terrain étant alors moins grande; et c'est pour
la même raison qu'on a plus aisément le reflet d'un ciel dans
l'eau que le ciel lui-même.

Pour ce qui est du développement, MM. Lumière ont
commencé par imposer une méthode purement automatique,
ce en quoi ils ont été fort prudents : laisser aux photo-

graphes la liberté de tâtonnements qui n'auraient pas toujours été heureux eût été compromettre le succès de la
plaque autochrome. Tous ne se sont pas pliés à cette disci-
pline (c'était chose facile à prévoir), et de divers côtés
furent proposées des modifications qui n'étaient pas avanta-
geuses; la fortune qu'ont eue ces tentatives n'a fait que jus-
tifier la sagesse des inventeurs. Ceux-ci, cependant, après
quelques mois, jugeant le danger moindre, ont indiqué un
développement méthodique où peuvent être compensées,
dans une large mesure, les erreurs de pose. Je sais des amateurs qui s'en tiennent, ou à peu près, à la première manière,
se contentant de surveiller la venue de l'image pour aug-
menter au besoin l'énergie du bain et en arrêter l'action au
moment voulu, et pensant que le plus simple, comme le plus
sage, est encore de faire l'éducation de l'œil, pour l'amener à
estimer exactement le meilleur temps d'exposition.

Quant aux traitements qui suivent le premier développement, leur complication, dont se sont effrayés tant de photographes, est plus apparente que réelle. J'ai dit plus haut
qu'ils n'étaient pas nécessaires en principe. Ils sont justifiés,
dans la plaque autochrome, par la très faible épaisseur donnée, volontairement, à la couche d'émulsion, et, par suite, à
la densité très réduite du dépôt d'argent; mais, même avec
la préparation de MM. Lumière, le renforcement peut être
évité si le temps de pose a été exact et le développement
bien conduit.

Si, finalement, on rencontre encore, à réaliser l'équilibre
parfait des images élémentaires, des difficultés qui ne sont
pas niables, nous avons tous vu, et en assez grand nombre,
des collections d'épreuves autochromes prouvant sans con-
testation possible que ces difficultés étaient loin d'être insur-
montables; et la qualité de ces épreuves ne devait rien à la
retouche, pour laquelle il n'y a pas place dans l'autochromie.

On en trouve bien d'autres dans la trichromie; là on ne
peut guère arriver à un résultat à peu près satisfaisant sans
faire, sous une forme ou sous une autre, intervenir la
retouche, et même sans lui donner un rôle considérable :
soit qu'on reprenne localement les clichés, ou les planches,
qui servent au tirage des trois positifs, soit qu'on vienne
après coup, par une ou plusieurs impressions supplémen-

taires, corriger la prédominance d'une des couleurs primaires. Il y a, dans les ateliers de trichromie industrielle, des spécialistes dont le nom seul (on les appelle les *chromistes*) indique suffisamment ce qu'on attend d'eux! J'en sais qui se font fort de tirer une épreuve trichrome d'un cliché unique (¹).

Une autre considération encore, qui est aussi d'ordre technique, peut aider à expliquer la supériorité des images autochromes. Dans les épreuves trichromes, le souci d'éviter des complications, qui seraient énormes, a conduit à employer exclusivement des positifs colorés par eux-mêmes : la couleur doit donc tout donner, même le modelé; elle n'y suffit pas toujours. De là l'intervention d'une quatrième impression, au moyen de ce qu'on appelle *le cliché du noir*. La nécessité de cette quatrième planche a été soutenue par les uns, combattue par les autres; des discussions très vives, très violentes même, ont eu lieu, sans amener l'accord; et, à l'heure actuelle, certaines maisons, parmi les plus renommées, emploient le cliché du noir, tandis que d'autres, non moins connues, s'y refusent. Ce qu'il faut dire, c'est que la planche correspondante, qui est tirée soit en noir, soit en teinte neutre, est quelquefois établie de toutes pièces par les chromistes, qu'elle est, tout au moins, toujours très fortement retouchée, et enfin qu'on lui confie souvent un autre rôle que d'assurer le modelé, comptant sur elle pour donner les noirs, qui devraient être obtenus sans elle!

Or il me semble que, dans l'autochromie, le dépôt d'argent réduit remplit, à certains égards, et précisément dans ce qu'il a de plus légitime, le rôle de cette quatrième image : il fournit le modelé, en même temps qu'il assure, par la façon progressive et douce dont varie sa transparence, une dégradation plus insensible, et par conséquent meilleure, des teintes, et même des nuances. Il y a là une question qui vaudrait un examen et une discussion plus approfondis; je me dois borner ici à une simple indication.

Au reste, il s'agit d'un avantage de fait et non de prin-

(¹) « J'ai été frappé, disait en 1904, au Congrès de Nancy, le professeur Namias, dans quelques usines dont les travaux de trichromie sont assez renommés, du rôle énorme laissé à la retouche. Mais alors peut-on dire que l'analyse des couleurs est faite par la Photographie? »

cipe, qui disparaîtrait si la trichromie employait des positifs en noir doublés de filtres colorés. Il n'en est pas de même en ce qui regarde les conditions où s'effectue, dans les deux procédés, la combinaison des couleurs primaires. Nous avons vu que, pour les plaques autochromes, elle se faisait seulement sur la rétine de l'observateur. Or il n'est pas contesté qu'on puisse obtenir ainsi une fraîcheur et une franchise de tons que ne donne jamais un mélange réel, matériel si je puis dire, de couleurs élémentaires. Une observation très simple et très directe le prouverait au besoin : dans la projection d'une épreuve autochrome, les couleurs perdent beaucoup si la mise au point sur l'écran n'est pas exactement faite. Il ne s'agit pas d'une question de netteté, car un défaut de mise au point dans la prise de l'image elle-même n'a pas du tout la même influence ; l'effet fâcheux dont nous parlons se fait aussi bien sentir avec une autochrome de *flouiste* qu'avec une de *nettiste,* et ne peut être attribué qu'à un mélange qui se fait alors, entre les couleurs, en dehors de notre œil. Les avantages d'une synthèse purement optique sont d'ailleurs bien connus des peintres, et recherchés par beaucoup d'entre eux. Si la manière de faire des tachistes et des pointillistes est encore vivement critiquée, c'est que les touches qu'ils juxtaposent ne sont pas d'assez petites dimensions pour que notre œil ne puisse les discerner, et pour que la fusion soit complète à la distance où nous sommes du tableau. La plaque autochrome n'encourt pas le même reproche ; elle a toutes les qualités du pointillisme sans en avoir les défauts.

J'ai omis une différence par où l'autochromie l'emporte encore sur la trichromie industrielle, mais non sur la trichromie pelliculaire, et qui resterait au seul bénéfice de cette dernière si, comme beaucoup le réclament, l'image autochrome pouvait être reportée sur papier. C'est, en effet, une différence qui n'a rien de spécifique et tient uniquement aux conditions où se colore la lumière blanche. L'épreuve, étant supportée par du verre et éclairée par transparence, n'est traversée qu'une fois ; elle l'est forcément deux fois si le support est opaque ; et comme, de plus, le pouvoir réflecteur du papier le plus blanc et le mieux préparé est loin d'être égal à l'unité, la perte de lumière est énorme, et l'éclat des

couleurs considérablement assombri : il faut donc s'en tenir
à des colorations peu intenses. A ce point de vue, la supériorité de la plaque autochrome sur l'impression trichrome
est du même ordre que celle du vitrail sur l'aquarelle, par
exemple.

IV. Laissons maintenant les considérations techniques,
pour examiner à son tour la question théorique, que nous
avions tout d'abord écartée.

Si les deux méthodes ont même origine, elles correspondent à des interprétations très différentes de leur principe commun. C'est ce qui va nettement apparaître si nous
cherchons à préciser la formule un peu vague dont nous
nous sommes jusqu'ici contentés.

Toute sensation colorée, avons-nous dit, peut être pratiquement obtenue au moyen de trois couleurs primaires.

Mais que seront ces couleurs primaires ?

On se trouve ici en présence de quatre conceptions distinctes, qu'on pourrait appeler *philosophique*, *physique*,
physiologique et *empirique*.

Je n'insisterai pas sur la première, qui est celle de Ch.
Cros :

« Les couleurs sont des essences qui, de même que les
figures, ont trois dimensions, et par conséquent exigent trois
variables indépendantes dans leurs formules figuratives ([1]). »

La conception physique considère les couleurs primaires
comme des couleurs simples, ou à peu près. Je m'y arrêterai
un peu plus longtemps, encore qu'elle n'ait guère qu'un
intérêt historique. Elle est en quelque sorte liée à ce qu'on
appelle *la règle du cercle chromatique de Newton*.

Newton, ne distinguant dans le spectre que sept couleurs,
et ayant évalué leurs étendues relatives dans l'image dis-
persée du Soleil, divisait un cercle en sept secteurs dont
les angles au centre, et par suite les surfaces, présentaient,
dans le même ordre, les mêmes proportions (*fig.* 1). A cha-

([1]) Ch. Cros, *Solution générale du problème de la photographie des
couleurs*, Paris, 1869.

cun de ces secteurs, représentant une des couleurs, il attribuait un poids proportionnel à sa surface et appliqué en son
centre de gravité. Ce système de forces correspondait ainsi
à l'importance relative, dans le spectre, des couleurs élémentaires; et la résultante générale avait comme point d'application le centre, représentant le blanc. Pour trouver la teinte

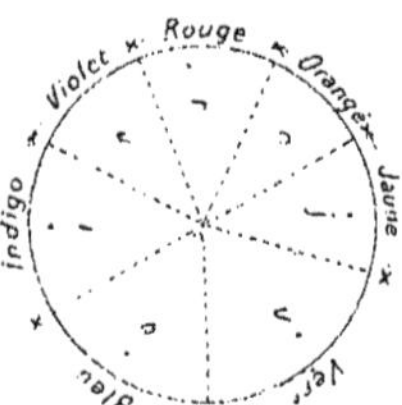

Fig. 1.

fournie par le mélange, dans un rapport donné, de deux
couleurs, Newton indiquait la règle suivante, dont il n'a
d'ailleurs nulle part donné la justification théorique : on
multipliera, par des facteurs présentant entre eux le rapport indiqué, les poids des secteurs correspondant aux deux
couleurs simples, et l'on cherchera le point d'application de la
résultante des forces ainsi obtenues. La nuance du mélange
est celle du secteur où tombe ce point; et, si c'est à une distance d du centre, la couleur pure sera rabattue de blanc
dans la proportion $\frac{1-d}{d}$. Il est clair que la règle permet d'arriver, de proche en proche, à des mélanges plus complexes.

Sans insister davantage, notons qu'on trouverait encore
énoncée, dans quelques Traités de Physique un peu anciens,
cette loi qu'on peut reproduire toutes les couleurs au moyen
de trois couleurs simples. Ceci reviendrait à dire que, en choi-
sissant convenablement trois secteurs et en faisant varier dans
des proportions convenables les forces appliquées à leurs
centres de gravité, on pourra faire tomber en un point à peu
près quelconque du cercle le point d'application de la résultante.

Et, de fait, les travaux anciens sur la trichromie recom-
mandaient l'emploi « d'écrans presque monochromatiques,

ne laissant passer chacun qu'un groupe très étroit de radiations voisines (¹) ».

On s'aperçut assez vite que la reproduction des couleurs était, dans ces conditions, fort insuffisante.

La conception physiologique s'appuie sur une théorie de la perception des couleurs, dite *théorie de Young*, et développée surtout par Maxwell et par Helmholtz.

D'après cette théorie, trois fibrilles nerveuses arrivent à chaque élément de la surface rétinienne; l'une d'elles est

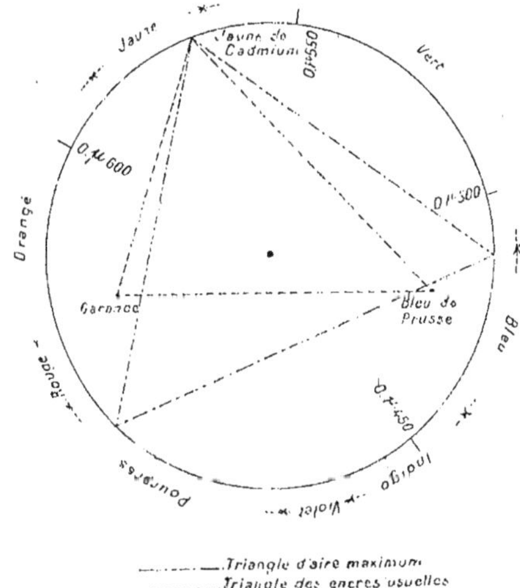

Fig. 2.

sensible aux radiations de grandes longueurs d'onde, une autre aux radiations de longueurs d'onde moyennes, et la dernière aux radiations de longueur d'onde courtes; la première nous donne la sensation du rouge, la seconde celle du vert, la troisième celle du violet. Les zones de sensibilité de

(¹) CALMELS et CLERC, *La reproduction photographique des couleurs*, p. 33 (*Bibliothèque des procédés photomécaniques*), Paris, 150, boulevard Montparnasse, 1907.

ces trois types de terminaisons nerveuses empiéteraient d'ailleurs fortement les unes sur les autres, et les courbes de sensibilité seraient, d'après Maxwell, celles qui sont dessinées dans la figure 2.

Les couleurs primaires ou fondamentales sont alors les couleurs perçues par chacun des types de terminaisons nerveuses. Elles sont complexes; elles peuvent être repérées dans le spectre, où l'on trouve des couleurs simples présentant sensiblement la même teinte, mais elles comprennent des groupes assez étendus de radiations, avec des éléments communs.

Sur les couleurs spectrales correspondant aux couleurs primaires, les divers auteurs ne sont d'ailleurs pas d'accord. Pour le vert, par exemple, Maxwell indique une longueur d'onde voisine de $0^\mu,517$; Pierce préconise $0^\mu,524$; Muller, $0^\mu,506$; la première teinte est un vert émeraude qui, dans la seconde, est mélangé avec un peu de jaune de chrome et, dans la troisième, avec un peu de bleu de cobalt. Helmholtz est moins précis : pour lui, ce doit être « un vert bien net ([1]) ».

La théorie de Young donnait en quelque sorte un corps à la règle des couleurs primaires, auxquelles elle attribuait comme une existence propre. Complètement abandonnée aujourd'hui par les physiologistes, qui ne paraissent pas, d'ailleurs, l'avoir encore remplacée (la manière dont nous percevons les couleurs est une question fort mal élucidée), elle n'en reste pas moins l'évangile des trichromistes.

Quant au cercle chromatique, il est encore utilisé, mais sous une forme différente et mieux adaptée aux idées modernes. Les couleurs pures sont disposées sur la circonférence, de telle sorte qu'à des arcs égaux correspondent d'égales différences de longueur d'onde, et qu'aux extrémités opposées d'un même diamètre se trouvent toujours deux nuances complémentaires; pour cela, on a fait entrer dans la répartition la gamme des pourpres, complémentaires des verts purs et des verts jaunes, et qui manquent dans le

---

([1]) O.-N. Rood, *Théorie scientifique des couleurs*, p. 100 (*Bibliothèque scientifique internationale*, Alcan), Paris, 108, boulevard Saint-Germain, 1895.

spectre solaire. D'autre part, on a divisé le cercle en anneaux concentriques, disposant régulièrement suivant le rayon, de la circonférence au centre, les teintes résultant du mélange à la couleur pure d'une proportion croissante soit de blanc, soit de noir, pour arriver, au centre, au blanc pur dans le premier cas, au noir pur dans le second : le cercle à centre blanc servant aux recherches qui concernent la synthèse par addition, le cercle à centre noir se rapportant à la synthèse par soustraction.

Dans le premier, toutes les couleurs pures ou rabattues de blanc trouvent leur place, dans le second toutes les couleurs pures ou rompues de noir. Pour obtenir la teinte résultant de la combinaison de deux autres, on n'a plus qu'à diviser la ligne qui les joint en segments inversement proportionnels aux quantités qui doivent entrer dans le mélange. On voit aisément, sans qu'il soit besoin d'insister davantage, que la combinaison d'un certain nombre de couleurs peut donner toutes les nuances comprises à l'intérieur du polygone convexe ayant comme sommets les points figuratifs des couleurs constituantes, — un triangle si l'on se limite à trois.

Il y a un avantage évident à ce que l'aire du polygone soit aussi grande que possible : ce qui aura lieu, pour un triangle, s'il est équilatéral et a ses sommets sur la circonférence; cette dernière condition exige que les couleurs élémentaires soient pures. On comprend aussi qu'on ait proposé, afin de pouvoir réaliser par synthèse un nombre plus grand de nuances, d'employer quatre images élémentaires au lieu de trois : l'aire du carré étant notablement supérieure à celle du triangle équilatéral inscrit dans la même circonférence.

La figure 3, empruntée à l'Ouvrage de MM. Calmels et Clerc, et d'ailleurs un peu simplifiée, indique, en même temps que la répartition de la circonférence entre les groupes de couleurs pures, la position des points qui figurent, dans le cercle à centre noir, la nuance des encres employées le plus couramment dans la trichromie industrielle : l'aire du triangle qu'ils déterminent est, manifestement, très inférieure au maximum.

Puisqu'ils prenaient pour base la théorie de Young, les trichromistes devaient logiquement, dans la définition pratique des couleurs primaires, s'inspirer des courbes de sensi-

bilité établies par Helmholtz et par Maxwell. Les auteurs qui
ont, au cours de ces dernières années, écrit sur la matière,
préconisent, en effet, l'emploi « d'écrans de faible intensité,

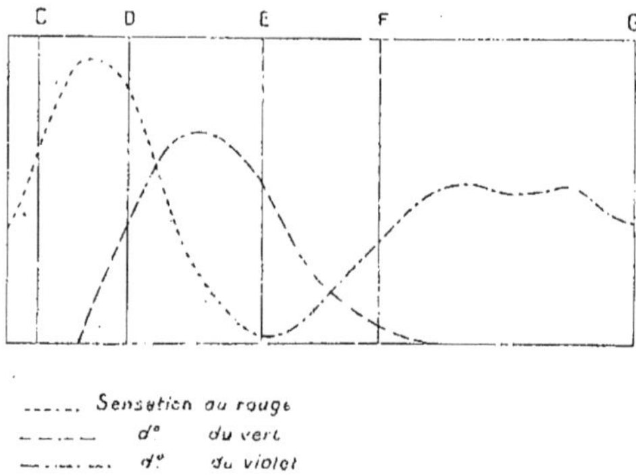

Fig. 3.

admettant chacun une région très étendue du spectre, avec
chevauchement très marqué de ces régions l'une sur
l'autre (¹) ». En conséquence, les monochromes employés
aujourd'hui dans la trichromie industrielle comportent, et
pour une part importante, des éléments communs, alors
qu'autrefois l'ensemble de ces monochromes présentait, au
contraire, des lacunes, par rapport au système complet des
radiations solaires.

J'arrive enfin à la quatrième manière de concevoir les couleurs primaires; c'est celle de L. Ducos du Hauron. Elle est
purement empirique, mais elle est plus simple, et je la crois
meilleure.

Les idées théoriques de L. Ducos du Hauron, telles qu'elles
se dégagent de l'ensemble de ses écrits, me paraissent pouvoir se résumer comme il suit :

Toute couleur, naturelle ou artificielle, est une combinaison plus ou moins incomplète des radiations simples que

---

(¹) CALMELS et CLERC, *Ibid.*

contient, en proportions données, la lumière blanche du Soleil, et que le spectre nous montre dissociées. Pour faire l'analyse et la synthèse exactes d'une couleur, il faudrait séparer toutes les radiations qui s'y trouvent, les doser et les recombiner ensuite, suivant la même formule; mais elles sont en nombre infini, et la double opération semble tout à fait impossible. L'expérience, heureusement, nous révèle une simplification qui va la rendre réalisable. Elle nous fait voir, en effet, que nous pouvons réunir d'avance les couleurs simples, qui sont en nombre infini, en un nombre fini de groupes, qui seront traités ensuite comme des éléments indivisibles : ainsi, dans l'analyse, il nous suffira d'isoler et de doser l'ensemble des radiations qui appartiennent à chacun de ces groupes, sans avoir besoin de les détailler, en quelque sorte; pour la synthèse, au lieu d'introduire dans la combinaison les radiations elles-mêmes, nous prendrons ces groupes encore, sans nous occuper de savoir si, dans la couleur complexe que nous voulons reproduire, ils intervenaient complets et avec leur composition normale.

Le nombre de ces groupes, de ces éléments artificiels, peut même être extrêmement réduit : il suffit d'en former trois pour que les résultats de la double opération d'analyse et de synthèse soient, en pratique, pleinement satisfaisants.

Les couleurs primaires, au nombre de trois, devront donc se partager les radiations solaires sans rien laisser en dehors d'elles, sans rien prendre en commun. L. Ducos du Hauron fixe, comme limites de leurs zones d'influence, d'une part la raie D, d'autre part le voisinage de la raie F, c'est-à-dire des longueurs d'onde voisines de $0^\mu,590$ et de $0^\mu,480$.

Une expérience très simple, que j'ai montée cet hiver dans une conférence au Conservatoire des Arts et Métiers, matérialise, si je puis dire, cette conception. Au moyen d'un prisme et d'une lentille, on forme le spectre pur d'une fente lumineuse; les rayons sont reçus sur un écran placé au delà, à l'endroit où les faisceaux dispersés se confondent à nouveau; ils y forment une image blanche de la fente. Dans le plan du spectre pur, on fait alors glisser deux prismes de petit angle qui viennent, de part et d'autre, intercepter les deux tiers extrêmes du spectre; l'image blanche est remplacée par un système de trois images, colorées en teinte

plate, dont une est rouge orangé, une verte et une violette :
ce sont les couleurs primaires de Ducos du Hauron.

Or, si l'on examine la photographie, sur plaque autochrome, du spectre solaire, on constate que celui-ci y est
représenté par trois bandes, en teinte plate, qui se joignent
sans empiéter l'une sur l'autre et qui sont respectivement
rouge orangé, verte et violette. A cela près que les limites
ne sont pas exactement les mêmes, les couleurs choisies par
MM. Lumière sont donc bien celles que concevait Ducos du
Hauron. Et les expériences spectrométriques, en grand
nombre, qui ont été faites de divers côtés, ont bien montré
qu'en effet, et tout au moins de façon très approchée, les
zones de transparence des trois filtres enchevêtrés, dans
la plaque autochrome, se partagent le spectre solaire, sans
lacunes, comme sans chevauchements.

N'est-il pas à croire, *a priori,* que cette solution est supérieure à la première, où de nombreuses radiations spectrales
manquaient aux couleurs primaires, et à la seconde, où il se
trouvait beaucoup de radiations communes à deux couleurs
primaires au moins ?

C'est à cette conclusion qu'arrive, *a posteriori,* un spécialiste dont l'autorité en la matière est considérable. Dans
un article des *Wiener Mitteilungen* (février 1908), le baron von Hübl, parlant de ses essais sur les plaques autochromes, constate que les courbes de transparence des
filtres n'ont là, avec les courbes de sensibilité de l'hypothèse
Young-Helmholtz, aucune ressemblance, non plus qu'avec
les courbes déduites, plus tard, d'autres considérations théoriques, où l'on donnait le chevauchement comme absolument
nécessaire. Et il ajoute :

« La plaque autochrome nous apprend aujourd'hui que
cette opinion n'était pas fondée ; car ses filtres constituent
un simple tripartage du spectre. Elle est riche d'enseignements et montre que, dans tous les procédés de trichromie,
il y a lieu d'employer des filtres à coloration restreinte et
intensive. »

La gamme des nuances reproduites est-elle plus riche
pour un des procédés que pour l'autre ? L'expérience se prononce en faveur de l'autochromie ; pour la théorie il semble

au premier abord que la trichromie doive au contraire l'emporter; mais l'examen critique de ses avantages, uniquement dus au chevauchement des couleurs primaires, montrerait que, toujours chèrement achetés, ils sont ou illusoires, ou sans valeur pratique.

Les trichromistes ont parfois proposé de prendre comme criterium, dans le choix des filtres et des encres, la possibilité de reproduire correctement un spectre pur; c'est une condition à laquelle l'autochromie, nous l'avons vu, ne satisfait pas; mais il en est de même, en réalité, pour toute autre forme de la méthode indirecte. C'est elle qui est en jeu, par son principe : elle ne peut restituer pure aucune couleur qui soit plus simple que l'une des couleurs primaires.

Cette incapacité est-elle bien grave ? Les couleurs simples, sauf celles qui confinent aux extrémités du spectre, peuvent être suffisamment remplacées par une couleur complexe, que rien n'empêche de reproduire. Et, d'ailleurs, les couleurs très simples sont, dans la nature, extrêmement rares; même au point de vue scientifique, cette lacune de la méthode indirecte n'est guère gênante : la reproduction se fait très bien des couleurs d'interférence ou de polarisation; l'arc-en-ciel même, qui n'est pas un spectre pur, peut être photographié, comme déjà l'indiquait L. Ducos du Hauron.

V. La trichromie a été, pendant de longues années, la seule forme utilisable de la méthode indirecte. Elle a peu à peu évolué, s'écartant des voies qu'avait tracées le fondateur de cette méthode. Trop séduits par l'hypothèse de Young-Helmholtz, guidés souvent aussi par des considérations d'ordre industriel, ceux qui la dirigeaient lui ont progressivement imposé une transformation qui ne lui a pas été de tous points favorable, et contre laquelle ont d'ailleurs parfois protesté des hommes de haute valeur.

Aujourd'hui une forme nouvelle, prévue au début, mais non appliquée, entre en jeu, plus proche des origines, plus conforme à la conception de Ducos du Hauron. Certainement susceptible encore de progrès, elle montre, du premier coup, une supériorité qui force à reconnaître les erreurs commises. La trichromie doit profiter des leçons que lui apporte l'autochromie; elle ne manquera pas de le faire.

Mais le pourra-t-elle avant de s'être modifiée sur d'autres points? Ici se présente une difficulté dont je n'ai point encore parlé, et qui tient à un défaut grave de la trichromie industrielle. Elle a été, en particulier, signalée par le professeur Namias, un de ceux qui ont le plus vaillamment lutté contre les tendances fâcheuses qu'il voyait triompher.

Nous avons admis comme caractéristique, dans la trichromie, la continuité des images élémentaires : or, en fait, lorsqu'il ne s'agit pas de la trichromie pelliculaire, les images négatives sont bien continues, les positives ne le sont pas. Les planches d'impression obtenues par les procédés de la similigravure sont constituées par un système de points, ou plutôt de taches, non contiguës, variables de forme et d'étendue; dans les tirages successifs ces taches se superposent pour partie, mais pour partie se juxtaposent.

Il en résulte que la synthèse se fait, ici par addition, là par soustraction; qu'il faudrait ici le triplet orangé-vert-violet et là le triplet rouge-bleu-jaune; que, cette condition n'étant pas satisfaite, les couleurs subissent une altération plus ou moins grave suivant qu'on passe dans l'image d'une région claire à une plage foncée. Le besoin de parer à ces altérations, ou plutôt de les masquer, a sans doute beaucoup contribué (plus peut-être que les théories physiologiques !) à faire adopter par les trichromistes les couleurs primaires à grand chevauchement. Il faudra trouver un autre remède si l'on revient aux couleurs exclusives. Le mieux assurément serait de supprimer le mal, soit en reprenant, pour le tirage des positifs, les procédés photocollographiques, qui donnent des impressions continues mais qui auraient besoin de quelques transformations, soit en modifiant les procédés de similigravure de façon à supprimer pratiquement les superpositions. C'est affaire aux photograveurs qui, incités à de nouveaux efforts et à de nouveaux progrès, auront, eux aussi, tiré profit des leçons que nous apporte la plaque autochrome.

La position relative de l'autochromie et de la trichromie va se modifier assez vite : la première est certainement, puisqu'elle n'en est qu'à ses débuts, susceptible de perfectionnement; pour la seconde, on ne peut manquer de faire disparaître, au moins en partie, les causes d'infériorité dont l'origine est aujourd'hui connue. Il serait donc difficile de prévoir à quelles conclusions conduira, dans quelques années, une étude comparative du genre de celle-ci ; mais il semble permis de penser que les différences devront s'être atténuées, tout portant à croire que la trichromie s'assimilera les méthodes de l'autochromie (jusqu'à la synthèse additive peut-être, si les photograveurs le lui permettent) et qu'ainsi les progrès de l'une seront aussi les progrès de l'autre.

TABLE DES MATIÈRES.

FIN DE LA TABLE DES MATIÈRES.

PARIS. — IMPRIMERIE GAUTHIER-VILLARS,

42384   Quai des Grands-Augustins, 55.

LISTE

des 46 Sociétés adhérentes au 31 mars 1908

	Noms des villes où elles siègent.	Noms de leurs délégués titulaires
1	Alençon.	NIEWENGLOWSKI.
2	Amiens. *Société de Picardie.*	PONCHE.
3	Arcachon.	BILLIOQUE.
4	Blois.	RIQUOIS.
5	Bordeaux.	BRETENET.
6	Bourg-en-Bresse.	HUDELLET.
7	Bourges.	ROGER (O.).
8	Caen.	LIÉGARD.
9	Chambéry.	PROTOR (S.).
10	Douai.	VIBERT.
11	Epinal.	PERROUT.
12	Lille.	DULIEUX (H.).
13	Mantes.	HUBER.
14	Nancy. *Société lorraine.*	ROY (G.).
15	Nice. *Photo-Club.*	HEYDECKER.
16	Nimes.	BOUET.
17	Niort.	DEMAY.
18	Nogent-sur-Marne.	HUPIER.
19	Orléans.	GOUT.
20	Paris. *Ass. du Touring-Club.*	LAGRANGE.
21	» *Ch. syndicale de Phot.*	BERTHAUD (M.).
22	» *Ch. syndicale des Fabric.*	FLEURY-HERMAGIS.
23	» *Photo-Club.*	BUCQUET.
24	» *Les Photographistes parisiens.*	LANGLOIS.
25	» *Section photographique du Cercle Volney.*	LEMOINE (A.).
26	» *Société artistique et littéraire des agents des Chemins de fer français.*	GRAVIER (CH.).
27	» *Société d'Amateurs.*	LAEDLEIN.
28	» *Société d'Excursions.*	WALLON.
29	» *Société française.*	LIPPMANN.
30	» *Stéréo-Club*	LIHOU.
31	Perpignan.	GILLET.
32	Puy (Le).	LAGRIFFE.
33	Reims. *Photo-Club.*	MARTEAU.
34	» *Union photographique.*	LACOSTE (Dr).
35	Rennes. *Société photographique.*	GUÉRIN (H.).
36	Rouen.	BUQUET (A.).
37	Saint-Claude. *Soc. Jurassienne.*	COUSIN (E.).
38	Saint-Etienne.	PERSONNAZ.
39	Saint-Quentin.	DONY.
40	Toulouse. *Photo-Club.*	Dr SEGHEYRON.
41	» *Soc. photographique.*	FABRE.
42	Tours.	DESLIS.
43	Troyes. *Photo-Club.*	PETIT-DESPLANCHE.
44	» *Section photographique du Syndicat d'initiative de l'Aube.*	DORÉ (F.).
45	Versailles.	OTTENHEIM.
46	Vichy.	DURANTON.